近代中外关系系列

教案史话

A Brief History of
Cases on Christianity Introduced into China

夏春涛 / 著

社会科学文献出版社
SOCIAL SCIENCES ACADEMIC PRESS (CHINA)

图书在版编目（CIP）数据

教案史话/夏春涛著 . —北京：社会科学文献出版社，2011.12
（中国史话）
ISBN 978 - 7 - 5097 - 1638 - 0

Ⅰ.①教… Ⅱ.①夏… Ⅲ.①基督教史 - 中国 - 近代 Ⅳ.①B979.2

中国版本图书馆 CIP 数据核字（2011）第 111340 号

"十二五"国家重点出版规划项目

中国史话·近代中外关系系列

教案史话

著　　者 / 夏春涛

出 版 人 / 谢寿光
出 版 者 / 社会科学文献出版社
地　　址 / 北京市西城区北三环中路甲 29 号院 3 号楼华龙大厦
邮政编码 / 100029

责任部门 / 人文科学图书事业部　（010）59367215
电子信箱 / renwen@ ssap. cn
责任编辑 / 王学英　邵长勇
责任校对 / 李　敏
责任印制 / 岳　阳
总 经 销 / 社会科学文献出版社发行部
　　　　　（010）59367081　59367089
读者服务 / 读者服务中心（010）59367028

印　　装 / 北京画中画印刷有限公司
开　　本 / 889mm×1194mm　1/32　印张 / 5.375
版　　次 / 2011 年 12 月第 1 版　　字数 / 105 千字
印　　次 / 2011 年 12 月第 1 次印刷
书　　号 / ISBN 978 - 7 - 5097 - 1638 - 0
定　　价 / 15.00 元

总　序

　　中国是一个有着悠久文化历史的古老国度，从传说中的三皇五帝到中华人民共和国的建立，生活在这片土地上的人们从来都没有停止过探寻、创造的脚步。长沙马王堆出土的轻若烟雾、薄如蝉翼的素纱衣向世人昭示着古人在丝绸纺织、制作方面所达到的高度；敦煌莫高窟近五百个洞窟中的两千多尊彩塑雕像和大量的彩绘壁画又向世人显示了古人在雕塑和绘画方面所取得的成绩；还有青铜器、唐三彩、园林建筑、宫殿建筑，以及书法、诗歌、茶道、中医等物质与非物质文化遗产，它们无不向世人展示了中华五千年文化的灿烂与辉煌，展示了中国这一古老国度的魅力与绚烂。这是一份宝贵的遗产，值得我们每一位炎黄子孙珍视。

　　历史不会永远眷顾任何一个民族或一个国家，当世界进入近代之时，曾经一千多年雄踞世界发展高峰的古老中国，从巅峰跌落。1840 年鸦片战争的炮声打破了清帝国"天朝上国"的迷梦，从此中国沦为被列强宰割的羔羊。一个个不平等条约的签订，不仅使中国大量的白银外流，更使中国的领土一步步被列强侵占，国库亏空，民不聊生。东方古国曾经拥有的辉煌，也随着西方列强坚船利炮的轰击而烟消云散，中国一步步堕入了半殖民地的深渊。不甘屈服的中国人民也由此开始了救国救民、富国图强的抗争之路。从洋务运动到维新变法，从太平天国到辛亥革命，从五四运动到中国共产党领导的新民主主义革命，中国人民屡败屡战，终于认识到了"只有社会主义才能救中国，只有社会主义才能发展中国"这一道理。中国共产党领导中国人民推倒三座大山，建立了新中国，从此饱受屈辱与蹂躏的中国人民站起来了。古老的中国焕发出新的生机与活力，摆脱了任人宰割与欺侮的历史，屹立于世界民族之林。每一位中华儿女应当了解中华民族数千年的文明史，也应当牢记鸦片战争以来一百多年民族屈辱的历史。

当我们步入全球化大潮的 21 世纪，信息技术革命迅猛发展，地区之间的交流壁垒被互联网之类的新兴交流工具所打破，世界的多元性展示在世人面前。世界上任何一个区域都不可避免地存在着两种以上文化的交汇与碰撞，但不可否认的是，近些年来，随着市场经济的大潮，西方文化扑面而来，有些人唯西方为时尚，把民族的传统丢在一边。大批年轻人甚至比西方人还热衷于圣诞节、情人节与洋快餐，对我国各民族的重大节日以及中国历史的基本知识却茫然无知，这是中华民族实现复兴大业中的重大忧患。

中国之所以为中国，中华民族之所以历数千年而不分离，根基就在于五千年来一脉相传的中华文明。如果丢弃了千百年来一脉相承的文化，任凭外来文化随意浸染，很难设想13亿中国人到哪里去寻找民族向心力和凝聚力。在推进社会主义现代化、实现民族复兴的伟大事业中，大力弘扬优秀的中华民族文化和民族精神，弘扬中华文化的爱国主义传统和民族自尊意识，在建设中国特色社会主义的进程中，构建具有中国特色的文化价值体系，光大中华民族的优秀传统文化是一件任重而道远的事业。

当前，我国进入了经济体制深刻变革、社会结构深刻变动、利益格局深刻调整、思想观念深刻变化的新的历史时期。面对新的历史任务和来自各方的新挑战，全党和全国人民都需要学习和把握社会主义核心价值体系，进一步形成全社会共同的理想信念和道德规范，打牢全党全国各族人民团结奋斗的思想道德基础，形成全民族奋发向上的精神力量，这是我们建设社会主义和谐社会的思想保证。中国社会科学院作为国家社会科学研究的机构，有责任为此作出贡献。我们在编写出版《中华文明史话》与《百年中国史话》的基础上，组织院内外各研究领域的专家，融合近年来的最新研究，编辑出版大型历史知识系列丛书——《中国史话》，其目的就在于为广大人民群众尤其是青少年提供一套较为完整、准确地介绍中国历史和传统文化的普及类系列丛书，从而使生活在信息时代的人们尤其是青少年能够了解自己祖先的历史，在东西南北文化的交流中由知己到知彼，善于取人之长补己之短，在中国与世界各国愈来愈深的文化交融中，保持自己的本色与特色，将中华民族自强不息、厚德载物的精神永远发扬下去。

《中国史话》系列丛书首批计 200 种，每种 10 万字左右，主要从政治、经济、文化、军事、哲学、艺术、科技、饮食、服饰、交通、建筑等各个方面介绍了从古至今数千年来中华文明发展和变迁的历史。这些历史不仅展现了中华五千年文化的辉煌，展现了先民的智慧与创造精神，而且展现了中国人民的不屈与抗争精神。我们衷心地希望这套普及历史知识的丛书对广大人民群众进一步了解中华民族的优秀文化传统，增强民族自尊心和自豪感发挥应有的作用，鼓舞广大人民群众特别是新一代的劳动者和建设者在建设中国特色社会主义的道路上不断阔步前进，为我们祖国美好的未来贡献更大的力量。

陈奎元

2011 年 4 月

⊙夏春涛

作者小传

　　夏春涛，江苏扬州人。1991 年获博士学位，1999 年晋升研究员。现任中国社会科学院中国特色社会主义理论体系研究中心专职副主任，博士生导师，享受国务院政府特殊津贴。

　　主要从事中国近代史、中国特色社会主义研究，著有《太平天国宗教》、《从塾师、基督徒到王爷：洪仁玕》、《天国的陨落——太平天国宗教再研究》、《沧桑足迹》、《中国国情与发展道路》等，发表论文数十篇。主持国家清史纂修工程《通纪·第六卷》等课题。

目　录

一 鸦片战争以前基督教在华传播概况

　　基督教与佛教、伊斯兰教并称为世界三大宗教。它于公元 1 世纪起源于巴勒斯坦，是古希腊哲学和希伯来宗教的混合产物。基督教的正式经典称作《圣经》，由《旧约》和《新约》两部分构成。《旧约》沿自犹太教，原称作"约书"，取义于上帝通过在西奈山向摩西传授圣诫而同以色列人订立了约法。基督教兴起后，宣称上帝已通过耶稣基督钉死在十字架与人类订立了新的"约"，故将基督教形成后编写的经典称作《新约》，沿自犹太教的那部分经典则称为《旧约》。

　　基督教信仰上帝耶和华及救世主耶稣，认为圣父（上帝）、圣子（基督）、圣灵三位一体。其中上帝是世界的创造者和主宰者，属于纯灵，没有具体的形象。耶稣是上帝的独生子，由圣灵感孕玛丽亚降世为人，具有完全的神性和人性；他是圣父启示的传达者，宣传救世的福音，为替世人赎罪而被钉死在十字架上，后复活升天，将来还要再度降临人间，对世人实施末日审判。圣灵则运动于世界和人类之中，使人知罪、悔改、成圣。基督教宣传原罪说，称人类始祖亚当因偷食禁果而犯了罪，故人生来有罪，并在罪孽中受苦；但人不能自身解脱苦难，只有信仰上帝和基督，才能获得赦免和拯救。基督教将社会上的种种弊端均归咎于每个人内心的"罪性"，强调博爱、宽恕、忍耐，声称善者将升入天堂，恶者将沉沦地狱。

基督教流传于奴隶制罗马帝国，于4世纪初被奉为国教。395年，罗马帝国分裂为东、西罗马，基督教也随之分化为东、西两派。1054年，两派正式分裂。东部希腊语地区的教会以君士坦丁堡为中心，自称"正教"，即东正教；西部拉丁语地区的教会以罗马为中心，自称"公教"，即天主教。中世纪时，基督教神学思想成为占统治地位的意识形态。16世纪，西部教会内部发生了反对教皇封建统治的宗教改革运动，陆续有新的宗派脱离天主教，如路德宗、加尔文宗等，称作"新教"。新教又不断分化，形成众多派系。

基督教在华传播最早可追溯到唐朝初年，时称"大秦景教"，属东部教会内部的一个小教派——聂斯托里派。唐贞观九年（635），该派僧侣阿罗本经"丝绸之路"来到长安（今西安），唐太宗曾向他询问教义。三年后，唐太宗降诏准许景教在华传播，并在长安义宁坊赐建了一座大秦寺。此后的200余年间，唐王朝对景教基本上持保护态度，景教遂得以在华立足、发展。唐德宗建中二年（781）镌刻的《大秦景教流行中国碑》（明朝天启年间出土）记载了当时景教在中土传播的盛况。可惜好景不长，唐会昌五年（845），唐武宗诏令禁止佛教流传，拆毁天下寺庙，勒令僧尼还俗，殃及景教。至此，景教在华传播便告一段落，部分教徒逃到蒙古等地避难。

元世祖对各种宗教兼容并包，流行于蒙古、中亚等地的景教便随着蒙古人入主中原而卷土重来。当时，景教教堂分布大江南北，尤以扬州、杭州、泉州等地为盛。罗马天主教的传入也始于这一时期。元至元三十一年（1294），方济各会会士约翰·孟德高维诺以教皇特使名义抵汗八里（汉名大都，今北京），觐见元成宗，获准在京传教，并由元都向南方扩展，教徒日众。由于基督教徒均崇奉十字架，故元人将这两派统称作"十字教"，称信教者为"也里可温"（蒙古语，意为"有福缘之人"）。因此，基督教在元代又被称作"也里可温教"。然而，两派教徒因教义分歧而相互倾轧，加之受到中国本土佛、道诸教的排斥，元朝灭亡后，也里可温教也就随之绝迹。

16世纪是葡萄牙和西班牙称霸海上的时代。随着西方殖民者东来，传教士亦纷纷来华。天主教的耶稣会（葡萄牙派遣）、方济各会、多明我会、奥斯定会（以上均为西班牙派遣）相继遣使，而以耶稣会的影响和势力最大。由于明朝政府厉行海禁政策，最初来华的各派传教士均被迫滞留于澳门或上川岛。明神宗万历十一年（1583），耶稣会传教士利玛窦改着僧服，自澳门潜入广东肇庆，从而揭开了基督教在华传播第三阶段的序幕。

为了使天主教能够在华立足，利玛窦尝试以融通儒耶和介绍西方科技的方式传教。他学汉语，穿儒服，习《四书》、《五经》，谨守中国礼仪，广交名士，并迎合士大夫口味攻讦佛、道两教；同时，广泛介绍西方的数学、地理学、天文学、机械学等知识。明万历二十九年（1601），利玛窦赴北京觐见神宗皇帝，呈献天主圣像、自鸣钟、雅琴、《万国舆图》等物，获准长驻北京传教。万历三十八年（1610），利玛窦在京病逝，朝廷赐葬于阜成门外。

经过利玛窦近 30 年的惨淡经营，天主教终于在华站稳脚跟。当时，名士如徐光启、李之藻、杨廷筠等俱信奉天主教。继利玛窦之后来华的汤若望、毕方济、南怀仁等传教士也颇受士大夫青睐，并获准在 13 省中自由传教。明朝灭亡后，传教士仍然受到礼遇。汤若望在清世祖顺治年间被封为钦天监监正，奉命与南怀仁等制定历法。清世祖还在宣武门内赐建了一座天主教堂，并亲书"钦崇天道"匾额。康熙皇帝则任用传教士绘制《皇舆全览图》，担任中俄签订《尼布楚条约》谈判的译员。康熙年间，全国计有 28 个城市设有教堂，教徒多达 10 余万人。

但是，绝大多数中国士大夫对来自异域的天主教仍然充满了敌意。明神宗时南京礼部侍郎沈㴶和清世祖时钦天监杨光先均以天主教暗伤王化、弃绝人伦为由带头发难，掀起两次反天主教风潮，造成大批传教士被逐或被捕。17 世纪中叶，在华天主教各派又发生了内讧，多明我会、方济各会抨击耶稣会允许中国教徒祭祖祭孔的做法。自 1700 年起，这场礼仪之争逐渐升级为康熙皇帝与罗马教皇之间的冲突。教皇指责耶稣会的行为，令其改弦易辙；康熙则诏令将干涉中国习俗的传教士驱逐出境，后又宣布禁止西洋人在华传教。雍正皇帝和乾隆皇帝进一步推行厉禁政策。而罗马教皇也于1773年下令解散耶稣会，在华传教近两个世纪的耶稣会终于寿终正寝。其他修会也严重受挫。

俄罗斯正教（东正教）的传入始于清代。清康熙二十八年（1689），雅克萨之役的百余名俄国战俘被押至北京。康熙将他们编为一个佐领，并指定一座关帝庙作为其祈祷场所。20余年后，彼得一世正式派遣俄罗斯正教传道团来华，后成为常设机构。由于当时俄国传教士在华的活动范围仅局限于北京，起始于康熙年间的礼仪争执事件并未波及俄罗斯正教。

19世纪以前，基督教曾三次以较大规模传入中国，即唐代的景教，元代的也里可温教，以及明清之际的天主教，但它们终是无本之木，相继枯萎。

清嘉庆十二年（1807），受伦敦布道会之遣，25岁的英国青年马礼逊作为第一位来华的新教传教士行抵广州，旋暂住澳门。当时，清政府颁布的《防范外夷章程》禁止非东印度公司的外国人居住广州，马礼逊遂于两年后作为中文翻译受聘于该公司。他最初的布道工作受到中国官吏的监视和天主教神父的排斥，被迫将翻译《圣经》的工作迁至远离中国本土的马六甲进行。1823年，马礼逊将译毕的新、旧约全书在马六甲合并出版，取名为《神天圣书》，计21卷，这是第一部汉译《圣经》。此外，他还撰成中国第一部英文字典——《华英字典》，另在马六甲创办了英华书院，旨在为在华传教事业培养一批传教士。

继马礼逊之后，伦敦布道会及其他国家的新教教派陆续遣使来华，其中较有影响的是郭士立（德）、麦都思（英）、裨治文（美），他们三人曾一同致力于改进《圣经》译本的工作。不过，总的来说，新教在华传播进展甚微，传教中心始终孤悬于马六甲一带。明万历年间，意大利耶稣会东方监督范礼安进入中国内陆的努力屡告失败。传说他曾在澳门遥望中国大陆，发出绝望的慨叹：“磐石啊，磐石，你何时才能开裂，欢迎吾主啊！”然而，两个世纪过去了，磐石坚硬依旧。

唯一有所变化的是，这期间来华的一些传教士在从事宗教活动的同时，还直接参与列强的殖民扩张活动。马礼逊便供职于臭名昭著的东印度公司。他不断接受鸦片贩子的捐赠作为自己的传教经费，并多次代表公司与中方进行交涉。1816 年，他以中文翻译的身份随同英国特使阿美士德一行访问北京，沿途协助该使团搜集了大量情报，因其在华不同寻常的表现而受到英王乔治第四的嘉奖。1834 年 7 月，52 岁的马礼逊又被英国政府任命为首任驻华商务监督律劳卑的秘书和翻译，获准穿副领事制服，缀皇家领扣。然而，从传教士摇身变为副领事的马礼逊上任不到一个月，即因过度兴奋和劳累突然病发身亡，遗体葬于澳门。郭士立 1831～1838 年间曾受雇于英国政府，在中国沿海刺探军事、政治和经济情报。裨治文所编辑的《中国丛报》自 1832 年在广州创刊起，就一直大量刊载有关中国的各种调查报告，为列强制定侵华政策提供参考。裨治文本人还在报纸上公开叫嚷使用武力逼迫中国开放门户，露骨地宣称"我们是主张采用有力、果断的措施的鼓吹者"。就马礼逊之流而言，宗教的"福音"已化作战争的咒语，上帝的使徒已蜕变成魔鬼的走卒。

正如传教士们所期待的那样，基督教在华传播的沉寂局面很快就被鸦片战争（1840～1842）的炮声所打破。从此，肇始于唐朝初年的基督教在华传教事业出现了一个前所未有的变局，进入十字架与炮舰联合征服中国的阶段。传教士们凭借不平等条约和坚船利炮的庇护，纷纷涌入中国，从而引发了连绵不断、席卷整个中华大地的近代"教案"风潮。

二　弛禁后的早期教案

　　鸦片战争结束后，英国等列强胁迫清政府签订了一系列屈辱和约，其中一些条文专门论及传教事宜，从而为传教士来华确立了条约依据。

　　1842年8月和次年7月、10月，中英签订《南京条约》及相关补充条款，规定辟广州等五口为通商口岸，英人在华享有领事裁判权，等等。这就为传教士拥入中国打开了方便之门。郭士立和马礼逊之子马儒翰作为英方翻译，参与了起草和签约的全过程。

　　1844年7月，中美《望厦条约》签订。该条约第十七款规定：除了传教士能在五口传教之外，还可以建立教堂。自此，传教士取得了在五个通商口岸自由传教和修建教堂的权利。裨治文和另外两名美籍传教士伯驾、卫三畏担任了以顾盛专使为首的美国使团的秘书和翻译。事后，顾盛因裨治文等人所做出的"无法估价的服务"，特地为他们向美国政府邀功请赏。

　　同年10月，中法《黄埔条约》签订。该条约第二十三款规定：法国人可以在五个通商口岸建造教堂，"倘有中国人将佛兰西礼拜堂、坟地触犯毁坏，地方官照例严拘重惩"。这一特别条款是法国使臣拉萼尼在天主教会的敦促下强迫中方接受的。此前,法国教士、南京教区主教罗类思在拉萼尼刚到广州之际便送去一份备忘录,追述天主教自乾隆以来所受"迫害",恳请拉萼尼为维护天主教在华利益与中方进行交涉。

《黄埔条约》墨迹未干,拉萼尼又得寸进尺,要挟两广总督耆英奏请道光皇帝批准弛禁天主教。耆英据此上奏,认为天主教自利玛窦传入中国后,两百余年间并未滋事,究与邪教不同,呈请"将中外人民凡有学习天主教并不滋事为非者,概予免罪",但同时又主张对传教士的活动区域加以限定,建议只准其在五个通商口岸设堂传教,不得擅入内地,"倘有违背条约,越界妄行,地方官一经拿获,即解送各国领事官管束惩办,但不得遽加刑戮,致生衅隙"。同年 12 月 28 日,耆英接奉道光皇帝准奏的朱批,并予公布。

接着在传教士们的怂恿下,拉萼尼又与中方交涉归还康熙年间被查封的天主堂旧址事宜。1846 年 2 月 20 日,清廷被迫发布上谕,承认天主教"系劝人为善","准免查禁";并下令"所有康熙年间各省旧建之天主堂,除改为庙宇民居者毋庸查办外,其原旧房屋尚存者,如勘明确实,准其给还该处奉教之人";但同时又重申了"外国人概不准赴内地传教,以示区别"的限令。

通过上述不平等条约和道光皇帝的弛禁上谕,传教士们终于获准在五个通商口岸自由地设堂传教。于是,磐石般闭关锁国的中国顷刻间被敲开了五个天窗。

从这一过程可以看出，中国在此间被迫向基督教局部开放完全是西方列强以武力相要挟的结果。

近代史上早期的教案正是在此背景下发生的。"洋教"一词本义是指一切来自外洋或国外的宗教，到了近代才约定俗成，专指西方基督教（民间对基督教另一较常使用的称谓是"邪教"）。"教案"一词见诸时人的书文揭帖，系"反洋教案件"之简称，指教会与各地民众因摩擦、冲突而引起的诉讼、交涉事件，本身并不含褒贬之意。

总的来说，弛禁后最初十余年间的教案规模较小，波及范围仅限于一城一县，且带有相当程度的偶发性，主要因传教士非法潜入内地和强占民地营建教堂而引起。据不完全统计，截至 1860 年，沿海省份和内地发生的教案计有数十起，内以青浦教案、西林教案较为典型。

青浦教案

作为近代最早开放的商埠之一，上海一开始就成为西方教会的一个重要传教据点。1847 年，罗类思主教在上海徐家汇强买民地建造天主堂。当地百余名民众阻止修建，但被上海县令压制了下去。这是近代最早的因民教纠纷而引起的一桩教案。徐家汇教案刚告平息，以新教传教士非法潜入内地传教为导火线，上海近郊又发生了青浦教案。

新教虽然于 19 世纪初才正式传入中国，比天主教晚了两个多世纪，但各差会的传教士在对华渗透方面一点也不甘示弱。早在正式获许在五口自由设堂传教之前，新教传教士便已数次潜入上海活动。除上文提到的郭士立外，伦敦布道会的麦都思牧师早在1835年就到过上海，鸦片战争期间任英军翻译。1843年上海正式开埠后，麦都思偕其子麦华陀作为英国首任驻上海领事巴富尔的翻译进驻上海，集传教士和外交官的身份于一身。雒魏林是英国来华的第一位传教医生，英军占领舟山群岛期间曾随英军到定海活动，出于对上海战略地位的考虑，巴富尔一行刚刚抵达上海，他便急不可待地赶到了上海。

教会势力在华的扩张与列强在华侵略权益的扩张是同步进行的。1845年，巴富尔强迫苏松太道宫慕久签订《上海租地章程》，开了在中国城市设立"租界"的先例。随后，麦都思等即在英租界附近购进一大块土地，建起了教堂、医院和墨海书馆，并以此为跳板，积极向邻近地区渗透，视上海开埠时所议定的"外人行走之地，以一日往还，不得在外过夜"的规定为一纸空文。青浦教案正是在此背景下发生的。

江苏青浦县（今属上海市）距上海县城约90华里，教案发生前，传教士们曾多次非法潜入该地活动。1848年3月8日拂晓前，麦都思、雒魏林和另一位英籍传教士慕维廉自上海再度乘船潜往青浦。他们将船停泊在城外，然后在县城城隍庙一带散发布道手册。当时恰有一些漕粮船水手在附近闲逛，见此情景颇感好奇，便拥上来围观，并索要书籍。雒魏林以秩序混乱为由拒绝散发。他让麦都思、慕维廉走在前面挨户分发，自己则在后面用拐杖驱赶围观的人群，并击伤了最前排一名水手的面部，惹起事端。三名传教士见势不妙，急忙溜出县城，但在东门外被持械赶来的水手们堵住，在互殴中受轻伤。青浦县令金镕闻讯后赶至解围，并派人将他们护送回上海。

事件发生后，英国新任驻上海领事阿礼国不但袒护传教士非法越境传教和肆意打人的行为，还借题发挥，对清政府进行讹诈和勒索。

3月9日，即事发后的第二天，阿礼国约见苏松太道咸龄，提出惩凶、赔偿等无理要求。咸龄以"斗殴细故，不足深诘"为辞予以拒绝。阿礼国老羞成怒，竟然重演雒魏林的伎俩，用手中折扇拍击咸龄头部，公然侮辱中国官员。咸龄愤然拂袖而去，并对上海县令金咸剖明心迹道："执民以媚夷，吾不为也。"

10日，咸龄致函阿礼国，指出三名传教士青浦之行属违法远行，另写信抚慰麦都思等。

11日，阿礼国复函咸龄，抗议咸龄直接给麦都思写慰问信，妄称此举"不但违反惯例，而且对他本人是一种侮辱"。

12日，阿礼国函促咸龄迅速"拿犯"严惩。未接答复。

为了迫使中方就范，阿礼国采取了一系列要挟手段。13日，阿礼国发出布告并照会咸龄，宣布在事件未获圆满解决之前，所有载有进出口货物的英国商船一概拒付关税，所有载有贡米准备出海运往北京的中国漕船一律不准驶离港口。14 日，阿礼国命令英舰"契尔顿"号封锁上海港，禁止漕船出入。19 日，阿礼国又派副领事罗伯逊乘兵舰前往南京，向两江总督李星沅递交照会，进行恫吓。20 日，罗伯逊一行溯江而上。

在英方咄咄逼人的气势下，为了避免事态扩大，李星沅于 24 日派署理江苏按察使（臬司）倪良耀、候补道吴健彰驰赴上海查办。28 日，倪良耀抵沪，约麦都思等到县署，指认王明副、倪万年为"首犯"，并缉拿另外八名水手。同日，阿礼国宣布撤销封港禁令。30 日，阿礼国照会倪良耀、咸龄索赔，并附三教士开列的"失物单"（后中方赔银 300 两）。31 日，两江总督李星沅接见驶抵南京的罗伯逊，告知事件已妥善处理完毕。罗伯逊坚持要求另派大员会同倪良耀查办，并提出撤换咸龄。李星沅再次让步，复派布政使（藩司）傅绳勋赴沪，并亲赴英舰"拜访道歉"。4 月 4 日，阿礼国致函咸龄，要求派员协同"封固枷号"所拿 10 名水手。同日，10 名水手在黄浦滩边被枷号示众。4 月 18 日，阿礼国照会中方，提出将 10 名水手"照白昼抢夺等律定拟"。不久，咸龄被革职，交刑部议罪。青浦县令金镕也被罢免。27 日，江苏巡抚陆建瀛派人随同署理苏松太道吴健彰到英国领事馆，面交对 10 名水手更定罪名及将咸龄革职拿办的公文。至此，经过近两个月的交涉，青浦教案终告平息。

围绕青浦教案所展开的中英交涉，充分暴露了西方列强以教案为借口实施炮舰外交，不达目的绝不罢

休的蛮横嘴脸。以此为滥觞，此后每次发生教案，列
强动辄派军舰封锁海口，以示威胁。至于派兵舰闯到
南京江面不仅开教案交涉中以武力要挟封疆大吏之先
例，更公然侵犯了一个主权国家的内河航运权。

就清政府而言，固然有缺乏近代国际知识和昧于
世界大势的缺陷，但主要原因还在于未能摆脱数年前
爆发的鸦片战争的阴影，故而抱着畏葸怕事息事宁人
的心态，一味退让。当时，负责封锁上海港口的英舰
仅是艘装有 10 门小炮的双桅船，居然就将千余艘漕粮
船堵在黄浦江内达 14 天之久。事后，连英国驻华公使
德庇时也为之捏一把冷汗，叮嘱阿礼国道："恭喜你的
成功，但只此一遭，不能再干。"在英方的要挟下，不
愿"执民以媚夷"的咸龄被革职拿办，青浦县令金镛
也因"缉拿水手迟延"受到撤职处分。这又开胁迫清
政府惩办与教案相涉的地方官和当地民众之先例。

违法或肇事的一方不但逍遥法外，还反咬一口，
以武力逼迫中方就范；清政府唯恐事态扩大，步步退
让，最终屈从于对方的压力。阿礼国所展开的外交攻
势为列强在战后攫取的"领事裁判权"作了一个绝好
的注脚。青浦教案交涉中的这种咄咄怪事在后来的教
案交涉中一再重演，成为一个怪圈。这正应验了众所
周知的那句话——"弱国无外交"。

2 西林教案

青浦教案中麦都思等人违法私行的举动并非偶然

14

现象，据王先谦《东华续录》等书记载，1844～1858年间，法、英、美等 7 国非法潜入内地传教的传教士计有 52 人（其中法国天主教传教士就占 33 人），其足迹几乎遍及整个中国。然而，清政府对这些擅入内地的传教士并没有什么约束力。中法《黄埔条约》第二十三款规定："佛兰西无论何人，如有犯此例禁，或越界，或远入内地，听凭中国官查拿，但应解送近口领事官收管，中国官民均不得伤害或虐待。"这就使得传教士有恃无恐，纵然潜入内地胡作非为也可以免受中国法律的制裁，为西林教案所引发的事态埋下了祸根。

西林县地处广西西部边陲，境内山峦起伏，人烟稀少。传教士之所以选中这一人迹罕至、偏僻贫困之地，实有其不可告人的目的。当时，法国殖民主义者在紧锣密鼓侵吞越南的同时，又对中国的西南地区虎视眈眈。于是，天主教会积极迎合本国政府的侵华意图，加紧了对这一地区的非法渗透。1852 年，巴黎外方传教会委派该会驻香港总会计李莫瓦为两广教区主教，试图打开在广西等地的局面。该会神甫马赖也于同年来到中国。

1853 年 6 月，马赖身着彝族服装，率领数名已受洗入教的彝族山民教徒，自贵州取道广西泗城府（今凌云），辗转来到西林县白家寨，寄居在当地彝族农户家中。

为了将西林建成天主教在广西的据点，以便向省城桂林等地渗透，马赖将自己装扮成远渡重洋前来拯救贫困山民的"救世主"，平时到处游说，并用替人赠药治病等方法施小恩小惠，拉拢人们入教。但随着天主教教规与当地民俗的冲突日趋激烈，人们对马赖的反感和厌恶情绪与日俱增。

西林聚居有彝、壮、苗、汉等族，男女青年的结合较为自由。而马赖却规定教徒及其子女不得以非教徒为配偶，除非对方受洗入教。但这位神甫自身的私生活却十分淫乱，常借主持结婚弥撒的机会奸污妇女。民间传说，马赖从贵州带来的曹姓寡妇名义上是其传教助手，实际上是他的姘妇。对于民间盛行的祭奉祖先的习俗，马赖也视作异端，严令教徒撤去家中的祖先神位，并不得上坟祭祖，从而酿成许多家庭和宗教纠纷。教徒白三奉命回家拆除祖先神位，受父母及族中长老指责后，提出退教，遭到马赖训斥，愤愤不平的白三遂联络数人，到县衙状告马赖"宣扬邪教，煽动宗族不睦"。贪婪昏庸的陶知县受马赖之贿，竟以"查无实据"为由，草草了结此案。

马赖与官府勾搭上后，气焰更加嚣张，经常身穿清朝官服，随意出入县衙。黔桂边境土匪出没无常，马赖又通过当地教徒与土匪拉上了关系。有一次，一伙土匪在拦路抢劫时杀死一名妇女，首犯林某和马子农论罪当斩。马赖用重金买通陶知县，终将死囚无罪开释。消息传开后，远近不法之徒趋之若鹜，纷纷寻求马赖的庇护，有的干脆受洗入教。

马赖的胡作非为使当地绅民忧心忡忡，联名上告于省府衙门，要求撤换徇私枉法的陶知县。1855年下半年，张鸣凤继任西林知县。上任后，即明令禁止洋人擅入西林传教，并秉公办理遗留的民教诉讼。被马赖斥为叛教、其侄女又遭马赖奸污而自杀的白三遂联络数人，状告马赖，详列其种种罪行。当地绅民也纷纷联名上诉。马赖闻风藏匿。因屡传不到，张鸣凤便派人搜捕。

1856 年 2 月 25 日，马赖在西林县城罗恭叶的后园被捕获，教徒 10 人（一说 25 人）一同被传讯。受审时，马赖态度骄横，或一味抵赖，或不发一言，被掌嘴三十，复因躺下装死被加打五十大板。马赖仍拒不合作，一心指望法国领事出面干涉。张鸣凤再次提审马赖，正告他擅入西林传教之举已触犯大清律令，规劝其认罪。马赖辩称自己奉天主旨意，有权到任何地方传教，并当堂指责张鸣凤刑罚法国传教士，违反了《黄埔条约》中的规定。张鸣凤列数其勾结、包庇土匪和强奸民女酿成命案等罪状，并传唤证人当堂对质。马赖自知理亏，竟不再理会任何提问，反以挑衅的口吻说道："谅你一个小县官，奈何不了我这个法国传教士。"张怒不可遏，喝令动大刑，马赖一命呜呼。张复令"罪当斩首示众"。29 日，马赖的首级被悬挂在城门外示众。这便是西林教案（又称"马神甫事件"）的大致经过。

教案发生后，法国驻广州领事提出惩办张鸣凤。两广总督叶名琛不允，指出"今广西在五口之外，本系越界深入内地"，诘问"天主教即系劝人为善，何至有奸淫抢劫情事"，并辩称被正法之人系匪徒马子农，并非马赖。消息传到巴黎，立即引起一股战争狂噪。

自 1854 年起，英、法等国多次向清政府提出修改旧约的要求，企图扩大在华权益，交涉未果后一直在寻找战争借口。这时，英国正在发动第二次鸦片战争，法国便以西林教案为由，打着"为保护圣教而战"的旗号，与英国组成联军，进行了又一场罪恶战争，并最终以武力胁迫清政府签订了新的不平等条约。

作为弛禁初期的典型教案之一，西林教案充满了西方殖民主义者的火药和血腥味。作为这一教案的主角，马赖在死后被梵蒂冈授予天主教殉教的第二品级——"真福"，追赠代表荣誉的"花冠"。教廷还借此大肆宣扬他为天主献身的所谓"荣耀"。但是，历史早已证明，马赖只不过是个殖民主义恶棍。

作为西林教案的另一主角，西林县知县张鸣凤断然处死马赖，捍卫了国家尊严，顺应了民意，赢得西林人民的尊敬和爱戴。马赖被斩首示众后，当地民众莫不拍手称快，并特制一"为民除害"的金字匾额，悬挂在县署中堂。而清政府却屈从于法国的压力，将张鸣凤革职，永不叙用。张离开西林时，当地绅民又赠"万民伞"，上书广西巡抚为他申冤。西林至今还流传着许多关于张鸣凤提审、处置马赖的故事。

三 19世纪60年代的重大教案

　　通过第二次鸦片战争，法国攫取了800万两白银的巨额赔款和更多的权益。而法国殖民主义者也没有忘记为这场侵华战争提供契机的天主教会，不仅请传教士充当谈判的谋士，还逼迫清政府在和约中订立了有关传教的条款。1858年签订的中法《天津条约》第八、十三款规定：天主教教士以后得携"盖印执照"——即所谓传教士"护照"，由法国公使和总理衙门（简称"总署"）联合签发，用中、法文填写——入内地传教，"地方官务必厚待保护"，教民不得稍受虐待。1860年签订的中法《北京条约》第六款则规定：听任各处军民人等传习天主教，"将滥行查拿者予以应得处分"；将从前没收的天主教教产（包括教堂、学堂、茔坟、田地、房廊等）归还教会。当时充当法方译员的天主教教士孟振生、戴辣玛还私自在中文本中加上"并任法国传教士在各省租买田土，建造自便"的字句，替日后天主教会在内地广置产业、霸占田地制造了条约依据（后由法使柏尔德密就此与总署达成协议，史称《柏尔德密协定》）。

根据片面最惠国待遇的有关规定，英国等列强也相继获得了赴内地自由传教的特权。从此，中国被迫向基督教全境开放。尤为重要的是，法国自此有权保护在华的所有罗马天主教传教团（无论是哪国国籍），并将此保护权延伸到中国的皈依者。传教士们不禁弹冠相庆，认为这是"对拥有四亿人口的东方大国派遣传教士的大好时机"。于是，伴随着洋炮、洋货，各国传教士潮水般涌入中国内地，或索讨"旧址"，或强占田产，或横行不法，欺官凌民，乃至干预词讼，纵容教民为非作歹。在此背景下，"各省教案层见叠出"，使得60年代成为近代史上的第一个教案多发期。

导致这一时期教案迭发的另一原因和太平天国与清王朝的对峙有关。太平军崛起于广西的崇山峻岭间，不久便奄有东南半壁，使得清王朝的统治处于风雨飘摇之中。太平天国的迅猛发展与其独特的宗教关系甚大。洪秀全通过阅读《劝世良言》接触了零星的基督教教义，后又到广州，在美国浸礼会传教士罗孝全处接受了较正规的基督教知识。在此基础上，洪秀全吸收并改造了基督教教义，最终以上帝旗帜号召信徒揭竿而起，发动了这场中国历史上规模最大的农民起义。太平天国宗教的源头虽然来自西方基督教，但是，它并不等同于基督教或属于基督教的某一教派，而是一个中西合璧的宗教。即融会了西方基督教的许多成分，又从儒家学说和中国民间宗教中吸收了大量内容，并掺杂着洪秀全等人的政治理想。另一方面，太平天国宗教又具有政教结合的鲜明特征：洪秀全既是上帝教教主，又是太平天国的真命天子；上帝教是太平天国指导一切的宗教意识形态。作为现实社会矛盾斗争的直接产物，上帝教完全从属于世俗的政治斗争，其宗旨并不是追求个人的精神超脱、灵魂不朽或实现无区分的人类博爱，而是直以斩邪留正、廓清天下为己任。中西合璧，政教结合，这些特征使得上帝教独树一帜，自成教派。

然而，尽管上帝教与基督教在教义等方面存在着本质区别，时人仍然笼统地将两者视为一体。在清代文献中，太平天国宗教一般被称作"天主教"或"耶稣教"，甚或被称为"景教"或"天竺教"。虽然称法不一，但在官府看来，上帝教就是"外洋邪教"，和基督教没有任何区别。于是，基督教除了暗伤王化、用夷变夏等罪状外，又多了一个煽动"叛乱"的罪名。1860年12月，美国南方卫理圣公会的两名传教士在杭州向清兵赠送书籍，遭到对方拒绝。他们获悉，"因书内印有耶和华和耶稣字样，清廷已宣布其为贼党词汇故禁之"。在1861～1863年间，贵阳、南昌、衡州（今衡阳）、重庆等地教案迭起，几乎无一不与太平天国信奉"邪教"这一历史背景有关。湘军（太平军劲敌）故乡湖南则成为全国反洋教斗争最为活跃的省份之一。太平天国败亡后，民间的反洋教书文揭帖仍然不时援引此例作鼓动宣传。视上帝教与基督教为一体，视曾经屡与侵略者浴血奋战的太平军为洋人的同党，这类认识虽是对历史的一种曲解，但却极易激化人们的仇教心理，从而客观上对民间反洋教运动起了推波助澜的作用。

与早期相比，这一时期的教案不仅次数多，而且规模较大，波及范围较广。长江流域尤为活跃。参加反洋教斗争的人员也十分广泛，城乡下层民众是斗争的主力。不少地方官吏和绅士打出"排斥异端"、"保卫圣道"的旗号，充当了反教风潮的主要鼓动者和组织领导者。出自湖南乡绅笔下的各类反洋教书文揭帖在长江各省广为流传，有着很强的煽动性。斗争的形式多种多样，诸如士子起事、调动团练打教、聚众逐杀教士及焚烧教堂等。贵阳教案、南昌教案、衡州教案、酉阳教案、扬州教案、台湾教案是这一时期较为典型的几个重大教案。

贵阳教案

贵阳教案是 1861 年青岩教案和 1862 年开州（今开阳县）教案的统称。

早在 16 世纪后半期，天主教会就开始觊觎贵州。1575 年，贵州被划属澳门教区。1696 年，贵阳教区成立，但有名无实，曾先后分属南京、四川教区代理。1846 年，罗马教皇厄我略十六世将贵州划为独立代牧区。到 1853 年，贵州天主教徒已达 2000 人，全省约 1/3 的州县设有教堂或传教点。从 1856 年开始，传教士又利用清政府全力镇压贵州各族起义军的机会，先后在六冲关和青岩镇强买土地建造大、小修道院，并在六冲关私设印刷厂出版《教区日报》。1860 年，巴黎外方传教会教士胡缚理出任贵州主教，进一步扩张教会势力。传教士的非法渗透活动使得"人民积不能平，官绅亦渐嫉怨"。1756～1860 年间，贵州计发生教案 16 起，传教士和教徒死 13 人，伤百余人，被捕 160 余人（内有 20 人被发配充军）。60 年代贵阳教案的爆发，则揭开了近代民间反洋教斗争高潮的序幕。

1861 年 3 月 20 日，胡缚理收到法国驻华公使馆寄来的传教士"护照"，即决定择日去见贵州军政大员，以便取得贵州当局对法国传教士及其传教特权的正式承认。

4 月 4 日，在法国教士、贵州天主教会"外事司铎"（负责交际联络工作的神父）任国柱的陪同下，胡缚理仿照中国封疆大吏的规格，乘坐八抬紫呢大轿，肩挂紫带，头戴方巾，在百余人组成的仪仗队的簇拥下，招摇过市，直奔巡抚衙门。任国柱先入抚署报称："法兰西帝国胡类斯大主教前来拜谒。"胡缚理随后而入，略示礼仪之后，便傲慢地出示护照，强行要求巡抚何冠英明令承认天主教在贵州的"合法"权利。何对其傲慢无礼之状十分反感，当即婉拒道："汝等来此传教，可谓不逢其时。现省内情形混乱，外出传教，实有不便之处，并且黔省教门已多，实无增加教门之必要。今后教徒中如有违法乱纪之事发生，汝等不能辞其责。"胡缚理碰了个钉子，悻悻然转赴提督衙门，求见提督田兴恕。田已获悉洋人大摆仪仗招摇过市的情形，十分恼怒，托称不能立即会见，让其等候。胡缚理一行在衙门前苦等了两小时之久，仍不见任何官员出面接待，围观群众倒越聚越多，又逢持械巡街的兵丁到督署换班，胡缚理等"恐惧突生"。任国柱最先更衣而逃。胡缚理见状，也慌忙弃轿逃遁。这时，衙门内炮声忽响，传胡缚理入内，而胡一行早已作鸟兽散。围观的群众尾随胡来到贵阳北天主堂，并拥入教堂，以嘲笑咒骂发泄积怨，到夜里二更时分方才散去。

此后，田兴恕接连三次派兵查抄该教堂，驱散教徒，抄走经像、祭品等物，连胡缚理的卧室也未放过。为了扑灭洋教，田兴恕置清廷弛禁天主教的谕旨于不顾，又与何冠英联名向全省各地方官发出"秘密公函"，斥天主教为"异端邪说"，视传教士为"外来匪人"，令各地"随时驱逐"或"借故处之以法"，并以办理是否得力作为考核地方官的依据。消息不胫而走，民间反洋教斗争的情绪愈益高涨。原籍湖南的田兴恕之所以具有如此强烈的仇教心理，除了认为传教士"心实叵测"、"最为害民"等因素外，与他曾任湘军分统、多次与太平军殊死作战的经历有很大关系。

扑灭洋教的第一炮首先在青岩打响，青岩镇距贵阳城约 50 华里，为少数民族聚居地，教徒较多。是年端午节（6 月 12 日），青岩各族人民按照传统习俗到郊外野游（俗称"游百病"）。行经姚家关天主教大修院时，一群幼童齐喊"火烧天主堂，洋人坐班房"的民谣。大修院守门教徒和修士们听到后便出来谩骂，并推搡小孩，驱赶群众，双方因而争吵起来。

该修院系 1859 年胡缚理等人串通青岩团首赵畏三强买民地非法修建的。赵畏三自接到"秘密公函"后，唯恐自己与教会勾结的事情败露，一心想洗刷。当他得知群众与大修院修士发生冲突后，认为时机已到，派团练包围了大修院，将滋事的四名修士押至团练署，训斥后令其回院通报。院长白伯多禄神父闻讯后十分惊慌，于次日率众离院躲藏起来。赵畏三未接答复，便再派团练到修院，逮捕了滞留的张文澜等三名华籍修士和教徒，并查抄了院内的书籍、宗教用品及衣物等，然后将修院纵火焚毁。田兴恕接报后，将赵畏三提升为全黔团务总办，以示优叙。对于胡缚理通过外交等各种途径提出的抗议和要求，田置之不理，并密令赵畏三秘密处死张文澜等三人。同年7月29日，团练在行刑时又抓获大修院厨工王马尔大（女），遂一并斩首。

张文澜等人被处死后，胡缚理设法盗走尸体，以作为田兴恕等人的"罪证"；并向法国驻京公使馆呈送紧急报告，吁请法使出面干预。法国公使哥士耆及其前任布尔布隆一面报告法国政府，一面出面与总理衙门进行紧急交涉，提出"抗议"及种种无理要求。

青岩教案未了，开州教案又起。1862年2月13日（同治元年正月十五日），开州夹沙垄乡各寨村民为欢度元宵节，照例扎龙灯，祭龙神，并通知天主教徒参加。教徒们在法国传教士文乃尔的怂恿下，以奉教为由拒绝出钱祭龙（清廷关于凡基督教徒均可免除迎神赛会等费的上谕于同年4月8日才颁布）。民教双方遂发生争执，几至动武。开州知州戴鹿芝在接到田兴恕的"秘密公函"后，一直吩咐开州"一心团"总办周国璋详查文乃尔和天主教会的动态。戴对洋人蔑视中国礼教和文乃尔经常化装到四乡煽惑百姓早已心怀不满，此时便将开州情形飞报田兴恕。田当即批示："缉案就地正法。"2月18日，戴鹿芝令周国璋率领团练，逮捕了文乃尔和带头闹事的张天申等四名教徒。几天后，文乃尔五人被凌迟处死，文乃尔的首级还被悬挂在开州城门上示众。

从秘密处死教徒到公开处死法国传教士，贵州官府的举动使得民间的反教情绪日益炽烈。西方列强深感事态严重。汉口英国领事馆首先支持胡缚理的代表，让其乘坐英国轮船到上海寻求各国支持。法国公使哥士耆则联合美、俄、英三国公使，向清政府提出"强硬抗议"，要挟赔偿一切损失，切实履行和约中有关传教的条款，处死田兴恕、戴鹿芝、赵畏三，严办其他人员，否则将重开战端，重订和约。经过长达三年之久的外交谈判，清政府最终屈服于列强的压力，对贵阳教案作了如下处置：戴鹿芝、赵畏三均已在镇压贵州各地"叛乱"中丧生，何冠英亦已病故，不予追究；田兴恕发配新疆，永不叙用，提督衙门拨充天主堂；相关"失职"官员如署贵州巡抚韩超、贵阳知府多文等，或交部议处，或革职，或充军；赔偿法国天主教会银1.2万两。至此，震惊中外的贵阳教案在胡缚理"深为悦服"的前提下终告了结。

2 南昌教案

1861年12月，法国传教士罗安当携传教士"护照"乘船来到江西九江。他先派其副手到南昌府衙门投递照会，表示拟与江西巡抚沈葆桢商洽一切教务，并称已在省城新置育婴公会一所，养有女婴10余人。罗安当所指的育婴公会设在南昌城筷子巷内，计收容女婴13人，自五六岁到十一二岁不等，平日大门紧闭，另由屋后小门出入，非教中人不得入内参观。南昌民众对之早存疑窦，纷传教会假借育婴名义，行"采生折割"之实。

1862年1月17日，罗安当以江西教区主教的名义谒见沈葆桢，呈交恭亲王所给的咨文，内容系索赔吴城教堂事。早在《天津条约》签订前，法国天主教会便已在江西境内设立了一些秘密教堂，在夜间传教。唯有鄱阳湖西岸的吴城镇教堂是多年前公开设立，道光年间曾加以修葺，旋被当地知县所毁；后又改设一区，复于1855年被湘军毁坏，改建为龙王庙。法方此时据约提出索赔。双方一时未能达成协议，罗安当便暂时下榻在南昌育婴公会内。

第二次会晤时，罗安当又盗用法国全权大臣的名义，命令地方官张贴传教布告。这一僭权干政的举动立刻在赣省上下引起极大震动，仇教气氛日益浓厚。源于湖南省的反洋教宣传品又大量传至南昌，直接播下仇教的种子。在这些反洋教书文揭帖中，以《湖南阖省公檄》流传最广。该檄文痛斥洋教不敬祖宗不分男女，并将教会描绘成藏污纳垢淫乱不堪的所在，声称"逆夷教匪，外以和约通商，欺蔽中华，关塞不能盘查，官府不能禁止，而其中包藏祸心，实与寇贼一气"，呼吁"凡我士农工商，拔剑同仇，有不合志者，即同异类"。湖南檄文传来时，正逢南昌举行院试，各地童生云集，一见檄文，群情激越。前翰林院检讨夏廷榘、在籍甘肃臬司刘于浔等连夜将檄文赶印数万份，"遍贴省城内外通衢"。不久，南昌又出现匿名传单，"订期齐集教堂，与外国人理论"。经此鼓动宣传，教案之发生已如箭在弦上。

同年3月17日夜，南昌民众群起拆毁筷子巷的育婴公会和袁家井教堂，并将"素习该教代为照料"的义和酒店和合太烟店内的器物捣毁，教民房屋数十间亦被殃及。次日夜间，庙巷天主堂及教士的一只坐船被毁。23日，进贤县溪坡、山邨等地徐、陈两姓教民的房屋器物亦遭拆毁。罗安当惊恐万状，逃之夭夭。

教案发生后，法国公使哥士耆提出六条要求，而沈葆桢对民间排斥洋教的举动抱有一定的同情，认为士绅反教是国家"二百年养士之报"，对于哥士耆的要求，仅允诺饬令所属官吏及绅民以后不得再蹈前辙，将道光年间吴城镇被焚毁之铺面和天主堂查明追还或另行赔偿，另赔银5000两补偿教会及教民的损失，其余概予拒绝。

当时，第二次鸦片战争刚刚结束，清廷不敢轻启战端，加上在江、浙等地正借重于法国军队剿灭太平军，更不敢与法国交恶。哥士耆趁机要挟，再次照会总理衙门，表示倘若"各省办结所事均见允协"，则法军"自必照旧在上海各处协同官兵剿贼，以敦友谊"。

消息传开后，一时民情激愤。1863年2月间，南昌街头上又到处张贴出《江西扑灭异端邪教公启》。该公启痛斥洋人意图讹诈的种种无赖举动，声明"倘该国教士胆敢来江（西）蛊惑，我等居民数十百万，振臂一呼，同声相应，锄头扁担尽作利兵，白叟黄童悉成劲旅，务将该邪教斩除净尽，不留遗孽"。沈葆桢曾派人微服访闻街谈巷议，当被问及为何咸称要与法国传教士拼命时，百姓答云："他（指传教士）要夺我们本地公建的育婴堂，又要我们赔他许多银子，且叫从教的来占我们铺面田地，又说有兵船来挟制我们。我们让他一步，他总是进一步，以后总不能安生，如何不与他拼命！"人们对地方官和绅士动摇、妥协的一面也有所认识，表示"做官的只图一日无事，骗一日俸薪，到了紧急时候，他就走了，几时顾百姓的身家性命。绅士也与官差不多，他有家当的也会搬去。受罪的都是百姓，与他何干！我们如今都不要他管，我们只做我们的事"。人们还就与洋人开仗一事回答道："目下受从教的欺凌也是死，将来他从教的党羽多了，夺了城池也是死，勾引长毛（民间对太平军的俗称）来也是死，横竖总是死。他不过是炮火利（厉）害，我们都拼着死，看他一炮能打死几个人，只要打不完的，十个人杀他一个人，也就够了。"对于民间的这种仇教情绪，沈葆桢也为之震撼，"深恐复激成变乱"。

稍后，纷传罗安当将来南昌交涉接收事宜，"省中一闻此言即物议沸腾"。当罗安当乘坐的船只来到南昌时，方泊滕王阁下，便见河干竖有一面大旗，上书"禁止法夷入城"。人们随即抛击砖石，飞中其舟。罗安当只得解缆下驶，折回九江。

但是，清廷一心保全和议，下旨催促沈葆桢"克期妥办完结，毋任日久迁延，致生意外要求"。同年7月，南昌教案终于在九江议结，议定中方赔银1.7万两，由教士另向他处购地建堂；道光年间吴城镇被拆的两座天主堂，或交还地基并赔银1000两由教士重建，或另寻一相当之地抵还。至此，轰轰烈烈的南昌人民反洋教斗争告一段落。

❸ 衡州教案

几乎与南昌教案同时，湖南发生了衡州教案。教案涉及的另一方依然是法国天主教会。

第二次鸦片战争后，法国教士、湖南教区主教方安之以《天津条约》为护符，要挟湖南巡抚毛鸿宾以宾礼相待；另以索讨"旧址"为名，在衡州、湘潭等地强占民地，修建教堂，搅得人心惶惶。长沙等地部分"吃教的人"听说洋人依约来省，遂"相与夸耀其事"，以为"吐气扬眉复见天日"的时候到了。湘省绅士激于义愤，撰刊书文揭帖，到处张贴散发，倡议驱逐天主教。湖南于是成为长江流域反洋教宣传品的发源地和传播中心。除上文提到的《湖南阖省公檄》外，撰刊于1861年的《辟邪纪实》一书也流传甚广。该书署名"天下第一伤心人"，作者崔暕系湖南宁乡县人，年轻时以秀才身份加入湘军，后擢至贵州补用知州，平素"以攘夷卫道为己任"。据说他是在官方授意下撰写此书的，旨在激起人们的仇教情绪。根植对太平军的敌对心理，其节本《辟邪实录》曾在湘军中广为散发。经此鼓动宣传，湖南民间驱逐洋教的呼声日益高涨。

天主教会的种种恶行、劣迹是引发教案的直接原因，其具体事实"怪怪奇奇，难以摚数"。仅在衡州府一地，其"昭彰在人耳目"的便有如下几件：

衡州北门有一十字形街道，教会借口触其忌讳，竟纠众毁民房，易街道。衡州居民为之哗然，群起反对，相持数日方才平息。

某日教民出丧，一幼童在道旁玩耍，扬灰撒成十字形。教民认为受了污辱，竟将小孩的父兄扣押起来。生员萧方规出面劝解，也遭毒打。教民还将棺材抬到幼童家中讹诈，后由邻里筹钱赔礼才算了事。

在洋人煽惑下，教民揭帖通衢，扬言要拆毁城隍庙，改建"道友堂"；还要撤去府、县学中的孔子牌位，改奉十字架，"动称伊教大行，迁孔当废"。

教会还蓄意庇护不法教民，藐视中国法律和地方官员。如府属衡阳县"素行不法之张道荣，案发收系，一报彼教，即有夷目来为杠护，官府即释不敢问"。

天主教会渐成众矢之的，绅民对之"切齿痛恨，不啻同仇"。

1862 年春，湘潭、衡州等地相继贴有署名湖南按察使仓景恬的反教告示，内有"凡属中外传教士，定拟死罪，并罚习教人永远监牢"等语，更加刺激了民间的反教情绪。

4月初，湘潭举行岁试，应试生童齐集县城，酝酿"拆毁天主堂，使其无处容身，以免地方贻害"。4月12日，万余名应试士子及客商民人拥向正在修复中的十八总地方的天主堂，纵火将之焚毁。华籍传教士龚修士逃至县属白石港后，扬言"欲毁文庙、书院，以图报复"。当地绅民又愤而毁其住房。

5月1日，在应试士子的倡率下，衡州府城的民众又纷起打教，"人数逾万，势甚汹汹"。众人焚毁了黄沙湾天主教总堂及城内各教堂。主教方安之先期出逃。所遗书籍物品悉被付之一炬。随后，绅民又以"衡、清（清泉县）两县耆民等"的名义，向衡州知府、署衡永郴桂道黄文琛呈递《驱禁异类公呈》，斥洋教"无天、无圣、无父、无祖宗、无夫妇，乃至无人道"，历数"逆夷"震逼京师、火烧圆明园的暴行及教会的种种罪状，呼吁官府顺应民心，靖内奸、御外侮。

教案发生后，清廷严饬湖南巡抚毛鸿宾从速办结，"弗令滋生事端"。湘省民间对此极为关注，审理时，"士民圜视而诉者数千万人"。7月上旬，毛鸿宾奏请将湘潭、衡阳、清泉三县知县摘去顶戴，勒限赔修教堂，并"查拿倡首之人，务获惩治"。清廷准奏。

然而，由于各地方官消极应付，查处事宜进展缓慢，交涉遂陷于僵持状态。10月6日，法国公使哥士耆照会总理衙门，单方面提出议结湖南、江西（南昌）教案八项条款，内容极为苛刻，如要求教士到湘，沿途应加以护送款待，该省督抚应躬亲延见，待以宾礼；将法国起草的保护教堂告示在指定地方张贴一月；除在限期内赔建被毁教堂外，已经摘顶之三县令应措银5000两赔偿主教书籍财物和教民之损失；查明给还或另行赔偿衡州、湘潭城内之旧有天主堂及各项产业；于长沙城内择一空闲庙宇或其他公共建筑面积15亩上下送给教案作为教中公产，等等。

碍于湖南境内的仇教气氛，对于哥士耆的上述要求，毛鸿宾不敢照单接受。方安之主教索性在京软磨硬泡，声称"前案一日不结，一日不归"；法使哥士耆则"见面即催，急如星火"。清廷唯恐大局决裂，遂下旨对毛鸿宾等严加训斥，声称"倘再延缓不结，致滋事端，恐该将军督抚等不能当此重咎也"。经过再三交涉，毛鸿宾允诺赔修湘潭、衡州两处天主堂及其他建筑，被焚书物等项饬令各该县照赔银两。该案至此方才大致议结。

🌥 *4* 酉阳教案

在60年代，酉阳州（今酉阳县）发生过两次教案。

酉阳地处四川省东南隅，介于湘西、黔东之间，为土家族、苗族聚居地，偏僻闭塞，民风剽悍。1862年，法国传教士邓司铎持法国驻京公使馆转发的"护照"来到酉阳，在离城20华里的小摇坝建起"公信堂"，大肆发展教徒，其中不少是当地痞匪。民谚云："未入教，尚如鼠；既入教，便如虎"，这类社会渣滓入教后，经常恃教横行乡里，以致民间积愤不能平，因怨成仇。正如曾国藩同治九年（1870）在某道奏折中所云："凡教中犯罪，教士不问是非，曲庇教民；领事亦不问是非，曲庇教士。遇有民教争斗，平民恒屈，教民恒胜。教民势焰愈横，平民愤郁愈甚，郁极必发，则聚众而群思一逞。以臣所闻，酉阳、贵州（指 1869 年遵义教案）教案皆百姓积不能平所致。"

1864 年冬，酉阳西北的彭水等县发生民教斗殴，一些教民的房屋被毁，财产受损。打教风潮遂在川东呈蔓延之势。

1865 年 2 月 2 日，在当地富绅张佩超、冯仕银等人的鼓动下，农民刘胜超率领酉阳四乡民众数百人，携带旌旗、兵器，开到城乡教民各家，焚其房屋，抄其家产，捉其人丁，夺其田地。张佩超之子张玉光又率乡民拆毁公信堂，殴毙窝留教士的店主何魁。因此案延未查办，四川总督骆秉章奏请将酉阳州州牧董贻清撤职，另委刘清涛接署。6 月 23 日，法国传教士玛弭乐来酉阳办理交涉，暂住城内城隍庙。酉阳民众在州衙门前悬挂一牌，上书"诛灭天主教，斩草除根"。城内各街一时"传闹如狂"。8 月 29 日，土家族首领冉老五（冉从之）率领数十人拥入城隍庙，痛殴玛弭乐，又将他投进河中溺水，再拖到街上。玛弭乐于当晚毙命。是为第一次酉阳教案。

事发后，该教案历时一年仍未办结。法国驻华代办伯洛内遂向总理衙门提交强硬照会，以派兵入川相威胁。清政府连忙将董贻清、刘清涛一并摘去顶戴，改派川东道尹锡珮接办此案。尹立将冉老五等人逮捕。1867 年，成都将军崇实、川督骆秉章将冉老五处斩，其余人等分受杖责、充军处罚；张佩超父子羁押重庆，后认罚银2万两始得出狱；另由酉阳绅民公筹银8万两赔偿教堂及教民损失。对此，酉阳民众愤愤不平，为酉阳再次爆发打教事件埋下了伏笔。

教会势力在第一次酉阳教案后非但没有稍加收敛，反而更加猖狂。法国传教士李国倚仗特权，在酉阳购置洋枪，修筑炮台寨堡。在教会武装的庇护下，不法教民肆意奸淫劫杀。当地民团愤而自卫，从而形成民团与教会武装之间的对峙。正是在此背景下，酉阳爆发了第二次教案，民间称之为"何彩打教"。

何彩系民团骨干，其母曾遭洋人殴打，并被洋人、教民轮奸致死，故对教会恨之入骨。他四处联络，密谋打教，得到了各族各界人士的支持和响应。适逢无赖教民龙秀元逼勒平民朱永泰退婚，并抢其家产，毁其房屋，激起公愤。1869年1月20日晨，何彩率众入酉阳城焚毁天主堂，将因与教民涉讼被押的武生杨庭桢营救出狱，杀死作恶多端的洋教士李国。州中团民闻风响应，合力打教。2月3日，在张佩超的筹划下，何彩又率众在城厢内外搜杀教民。民教双方互相厮杀，各死二三十人，伤数十人。官府赶紧派兵前来弹压，令民团、教民各持兵械缴出，人众解散，不得再行生事。纸房溪教堂的华籍传教士覃辅臣在民团遵令解众缴械后，趁机纠合教会武装进行反扑。团民及其家属145人被杀，700余人受伤，105户民房被焚毁。其中秦心元等6人被肢解，黄老万被灌油点了天灯，3名民妇被轮奸致死。一时间，"尸身堆积，血肉狼藉，惨不忍言"。

教案再发后，清廷以"不能防范弹压"的罪名将酉阳州知州胡坼革职，改由田秀粟接任。不久，又派湖广总督李鸿章为钦差大臣，办理川、黔（遵义）两案。法国驻华公使罗淑亚于同年末率领两艘军舰自上海溯江而上，经安庆、九江到达汉口，以武力相威胁。李鸿章虽然明知酉阳教案起因于"本地痞匪入教者依势欺压平民"，"激成巨案"，但慑于法方的武力恫吓，最终仍以妥协的方式办结此案。结果，何彩作为"正凶"被处死，其余"从犯"被发配充军；酉阳富绅张佩超被饬令离开川境；另赔偿教会白银3万两。

通过酉阳前后两次教案，教会计勒索白银达11万两。对此，酉阳州绅民在同年9月25日的公禀中一语道破天机："范主教（指巴黎外方传教会教士、川东教区主教范若瑟）专喜传教、习教之人生事，即可勒赔巨款。"绅民还就覃辅臣纠众屠戮却逍遥法外一事（覃后奉教皇令出洋"议事"）质问道："似此光景，百姓实无求生之路，死者亦无可伸之冤。哀哀苍天，曷其有极！"

🌀 扬州教案

1868年发生的扬州教案是60年代江苏境内影响最大的一场反教风暴。

扬州襟江带海，京杭大运河又在此与长江交会，地理位置十分重要，兼之人文荟萃，商业繁盛，是当时中国东南地区的重要城市。第二次鸦片战争后，英、法等国传教士相继窜到扬州，试图在此建立传教据点。

英国传教士戴德生是新教在华最大差会——中华内地会的创建人，1866年再度来华后，最初在浙江杭州一带活动，后从镇江来到扬州，租赁房屋，设立教堂。法国传教士金缄三则在扬州城内三义阁设育婴堂，并附设教会医院，试图以所谓的慈善事业吸引人们入教。由于设备差，加上护理不完善，医疗事故频繁，所收治的病婴的治愈率甚低。于是，民间盛传教会"拐骗"的婴儿大都被虐死。另外，教会医院常剖验死胎，浸器官于酒精瓶中。当地人便纷传教会"有将幼孩挖眼挖心之事"，"育婴堂系为食小儿肉而设"，等等。这些骇人听闻之言无形中对民间蔓延的仇教情绪起了推波助澜的作用。

1868年6月间，扬州士子首先发难，倡议驱逐洋教。扬城百姓不断向教堂投掷砖石，击坏其房瓦、门窗。教士出门也时常遭到白眼和谩骂。8月初，扬城士绅再次聚会，商议反教事宜。22日，投考生童和民众2万人愤而捣毁戴德生的住所，围攻并焚毁英国教堂。扬州教案本起因于民间对法国天主教会的谣传和猜忌，但最终受到冲击的却是英国教士和教堂，究其缘由，实因在一般中国民众看来，英、法传教会同属"外洋邪教"，无甚区别。事发当天，戴德生曾向官府告急，要求派兵保护，并派人连夜送信到上海英国领事馆求援。次日下午，戴德生一家撤离扬州，到镇江躲避。

英国驻上海领事麦都思闻讯后，于 9 月初赶到扬州，向扬州知府提出下列要求：惩办英方所指之"罪犯"；赔偿教会建筑；申明教士各种权利；赔偿损失；所有因教被囚之人（指教民）概予开释。知府表示须请示两江总督曾国藩。麦都思遂转赴南京与曾国藩交涉，但未获圆满答复。麦都思便实施炮舰政策，于 11 月亲率四艘军舰驶至南京，向曾国藩下了最后通牒，并强行扣压中国"恬吉"号汽轮作为担保。迫于英方压力，曾国藩允诺将扬州知府撤职；赔偿损失；在教堂门前竖立碑石，碑文申明保护教士。教案至此始告议结。

6 台湾教案

早在 17 世纪初，基督教就已伴随着荷兰、西班牙殖民者的入侵而传入台湾，但最终未能立足。《天津条约》签订后，传教士再次涌入。1859 年，西班牙桑英士神父从菲律宾来到台湾，次年在打狗（今高雄）建教堂，是为近代台湾第一座天主堂。法国天主教士也接踵而来。1865 年，苏格兰长老会马雅各牧师来到台湾南部，揭开了新教在台湾传播的序幕。不久，基督教会便遍布台湾各地，教徒甚众。

台湾同胞的反洋教斗争始于 17 世纪 30 年代，近代更为高涨。在 60 年代，台湾南部教案迭发，成为台胞反教斗争的主战场，尤以凤山教案影响最大。

凤山教案起因于教会的肆意渗透和教士的专横，

导火线则是有关教会的传谣。教案发生前，凤山县城内常有儿童失踪。民间纷传洋教士将孩童拐至教堂剖胸挖眼，以配制药方。一时间人心惶惶，以行医作为传教手段的马雅各牧师顿成众矢之的。恰有凤山县衙役猫角作证，说有人在教堂废墟中发现白骨。知县凌定国往勘，果有白骨。民众哗然。

1868 年 7 月 30 日，数百名民众袭击了正在重建中的凤山县埤头英国教堂，并将施工现场的建筑材料一抢而光。打狗一带的群众也纷起打教，毁后重建的福建省台湾府府城（台南）小东门洋教堂又被捣毁。9 月，凤山县前金庄村民在英国传教士布道时击鼓集众"围而攻之"。消息传到县城，人们闻风响应，群起围攻凤山沟仔乾天主堂，杀死两名教徒，并痛殴传教士高长。接着，又围攻马雅各牧师藏身的旗后教堂，后经英国商人持械营救，马雅各方才脱身。

事件发生后，民愤仍未平息。凤山知县凌定国照会英国驻台湾领事吉必勋，要求逮捕教士马雅各、吴文水严惩，以平民愤。吉必勋被迫带着马、吴两人前往县衙交涉，途中险遭附近群众的持械伏击。吉必勋惊骇之余，连忙吁请英国驻华公使阿礼国出面干涉。

当时，恰逢英国商人在台走私樟脑事发。台湾开埠后，外国商人纷纷设立公司，企图垄断台湾的樟脑生意，从而严重冲击了台湾经济。1863 年，在当地民众的强烈要求下，清政府将台湾樟脑收归官营，规定民间不得私自输出，外商收购须向官府洽商。而英国怡记公司的奸商必麒麟却擅自在梧栖港设栈收购樟脑，并私运出口。鹿港同知洪熙恬照章扣留了货物，并在必麒麟肇事潜逃后查封其货栈。为了包庇走私英商并趁机讹诈，英使阿礼国便以教案为借口，派军舰到台湾作为交涉的后盾。

1868年10月，英国"阿吉陵"号和"布士达"号炮舰自香港驶至台湾安平港，并张贴布告，声称保护安平和高雄的关税和英商，华人若有"暴行"，将用大炮轰之。台湾镇总兵刘明灯遂下令守军备战，但同时又诫令兵丁不得妄动。11月23日，英舰悍然炮轰安平，挑起战火。总兵刘明灯、副将江国珍下令反击。由于汉奸萧瑞芳的破坏，安平协署被英军突入，兵营和火药库均被焚毁，中方士兵死伤40余人，江国珍受伤后愤而自杀。史称"樟脑战争"或"安平事件"。

为避免事态进一步扩大，清政府派福建兴泉永道曾宪德赴台办理凤山教案和樟脑走私事件。台湾绅商也赶紧凑集洋银4万元作为英方要求之担保金，另赔偿军费1万元。英方这才停止军事行动。经过反复交涉，中英双方于1869年12月达成协议，其要点为：取消台湾官厂的樟脑专卖权，英商可以自由采购运销；允许英商或其他英侨自由旅行台湾内地，护照由台湾道台发给；赔偿怡记公司樟脑损失6000元；赔偿教会损失，抚恤被打死的教士家属；惩办各起案件之主使人，以驻台英领事满意为限；将来如有纠纷，由中外会审判决；鹿港同知洪熙恬、凤山县知县凌定国均予革职。至此，英方终于如愿以偿，攫取了与教案无涉的许多权益。

四 19 世纪 70 ~ 80 年代的
重大教案

　　19 世纪 70 ~ 80 年代，以震惊中外的天津教案为先导，各地计发生大小教案 200 余起，是近代史上的又一个教案多发期。在此期间，民间的反洋教斗争出现了一些新的特点，进入了一个新的发展阶段。

　　首先，随着西方列强加紧对华侵略，民族危机进一步加深，民间的反洋教斗争开始走向深化，斗争目标更为明确，波及范围更为广泛。在此之前，民众打教主要是从经济和夷夏之防上着眼，以反对教会的扩张和渗透为目的，斗争的矛头仅仅指向传教士和洋教堂。到了七八十年代，受民族危机的刺激，人们的斗争目标已不再仅仅局限于教会，还包括洋人盘踞的领事馆、海关署。尤其是在中法战争（1883 ~ 1885）期间，随着边疆危机的空前严重，人们对洋人切齿痛恨，进而将反对洋教与反对列强的军事侵略结合起来。一时间，民间的反洋教斗争风起云涌，此起彼伏，特别是在直接受到战争冲击的东南沿海和西南边陲。此外，自 1876 年中英《烟台条约》签订后，西方殖民主义者以传教士为先遣队，纷纷以所谓"传教"、"游历"的名义窜入西藏地区。为此，藏族同胞掀起了一场连绵不断的反入藏斗争，从而和内地的反洋教斗争遥相呼应，汇成一股反对列强侵略、蚕食的滚滚洪流。

其次，汇聚在反洋教旗帜下的官、绅、民三种社会力量的比重和作用已有所变化。在七八十年代，尽管绅士阶层仍然扮演着十分重要的角色，一些地方官吏仍然在不同程度上对民间的反洋教斗争持同情或支持态度，但迫于列强的压力和清廷"保教"敕令，他们在总体上已不如前期那样活跃。有些官吏甚至忠实执行清廷的袒教抑民政策，视打教民众为"乱民"、"匪徒"。而城乡下层民众的作用日渐突出，在一些地方独立举起了反教旗帜。如1886年扬州东乡农民捣毁法国天主堂的斗争就是由出身下层的姜三娘、钱龙伟领导的；同年发生的第二次重庆教案，领导者石开阳、石汇父子也是靠卖苦力为生的寻常百姓。

天津教案

1870年发生的天津教案是七八十年代规模最大的一次教案，其导火线是民间关于法国天主教会主办的仁慈堂（育婴堂）"迷拐幼儿"、"挖眼剖心"一类的传言。

天津当时是法国遣使会的传教区，隶属北京教区。1858年、1860年英法联军两度占领天津期间，法国传教士曾充当翻译，引起天津绅民的反感和敌意。1869年，教会在望海楼旁强占民地，建成一所规模很大的教堂，俗称河楼教堂。

天津仁慈堂的创办始于1862年。是年，北京教区新任主教孟振生自巴黎返回北京途经天津时，留下五名修女，并收养了一名幼婴。1864年，仁慈堂在天津东部正式建成。天主教会兴办育婴堂，既可以借慈善事业扩大教会影响，也是筹措传教经费的一种途径。他们以救护婴孩的名义，从欧洲募集大量捐款，分拨给在华各修会作为传教经费。在此背景下，各地育婴堂发展较快，到1867年，天主教会在华兴办的育婴堂已有百余所，收容婴孩达数十万。不过，一般中国老百姓并不情愿将抚养不起的婴儿或病婴送到育婴堂。为了谋取更多的传教经费，教会主要靠鼓动教民或雇人四处收领弃婴的方式来扩大育婴数目，只管多收婴孩而不问来路，甚至花钱收买。天津仁慈堂也不例外，一些恶棍教民和市井无赖为了钱财，便拐骗婴孩送入堂中。育婴堂往往成为拐骗婴孩的教唆犯和窝主。

此外，教会还把为濒死婴孩临终施洗视作"拯救灵魂"的善举，故而想方设法抱领病危濒死的婴孩。仅1868年、1869两年间，天津仁慈堂就有2000名濒死婴孩受洗，远远超过在堂婴孩人数。这也是造成仁慈堂婴孩死亡率过高的原因之一。病婴被送入仁慈堂后，以"水沃其额"，死后则葬入教堂墓地。这些神秘的宗教仪式很容易令人联想到"剜眼剖心"。

一味追求育婴数目，使天津仁慈堂日益膨胀。1865年，仁慈堂收容的婴孩为156名，到教案发生前，已达450名。1867年，由于原有房屋不敷使用，仁慈堂又购下三岔河口南岸某官员的宅邸，但仍拥挤不堪。不断恶化的生活条件导致婴孩的病亡率居高不下。1864年仁慈堂建成时，望海楼附近的坟地就已占满，此后死婴便被抬到河东义冢中草草埋葬。

　　天津绅民对教会的举动早有疑心。由于教堂整日大门紧闭，加上风传教堂、仁慈堂均有地窨，人们遂怀疑地窨为幽闭婴孩之所。教会平素收容幼儿，均由他处用车船送来，动辄数十百人，但往往只见其入不见其出（仁慈堂掩埋死婴大多是在夜间），更使人疑窦丛生。因此，当南方反洋教书文揭帖中关于教会的种种传言辗转流传至津时，人们愈益相信教会果有将小孩挖眼剖心以制药饵等灭绝人性之事。一时间，津城纷传教会将"迷魂药"散发给教徒，唆使他们迷拐幼儿甚至成年人送到堂中，以备挖眼剖心。此说愈传愈盛，民间顿时风声鹤唳，而其间发生的两桩牵涉教会的事件更使事态进一步扩大。

　　1870年春夏之交，正值疫病流行，仁慈堂三四十名婴孩相继染病而亡。教会便将二三具幼儿尸体装于一个洋货箱内，夜间抬到坟地掩埋。6月4日，野狗在河东义冢扒出一棺二尸，一时舆论大哗，人们纷纷前去围观。接着，人们又陆续挖出不少木箱，均一棺数尸，尸体胸腹皆烂，肠肚外露，"剜眼剖心"说似乎有了物证。

　　一波未平，一波又起。6月6日，自静海诱拐两名幼童来津的张拴、郭拐在西关被拘送县衙，两人供认系用药物迷拐幼童。10日，天津知府张光藻会同知县刘杰复审后，即将二犯正法。津民拍手称快，向张呈献万民伞及"万家活佛"匾额。随后，张光藻又贴出告示，内有"风闻该犯多人，受人嘱托，散布四方，迷拐幼孩取脑挖眼剖心，以作配药之用"等语，实际上变相承认民间传言属实，"受人嘱托"一语则暗示张、郭等人的行为系受教会唆使。民众出于义愤，纷纷查拿迷拐，自行拘人送官。同月18日，武兰珍被桃花村民众拘送县衙，供认系受教堂门丁王三指使，昼出迷拐，夜晚则宿于教堂，迷药亦由王三提供，拐一人获番银五元，至今已迷拐幼童七人。消息传开后，顿时民情汹汹，街上开始出现反教揭帖，士绅集会于孔庙，书院停课，全城笼罩在仇教的激愤之中。

6月19日，天津道台周家勋往晤法国驻天津领事丰大业，查问王三案情。丰大业答称此事系"恶人"造谣，不足置信。未几，知县刘杰又至，要求立时搜查仁慈堂及教堂。丰大业断然拒绝，表示仅愿和三口通商大臣崇厚交涉，双方争辩激烈，不欢而散。次日，崇厚往晤丰大业，约定21日派员检查仁慈堂和教堂。

6月21日上午，周家勋、张光藻、刘杰带武兰珍前往教堂，但王三数传未至，入堂查验也一无所获，只得带犯人回署。当时观者如堵。下午，教堂门前围观的群众与教堂中人发生口角，人群中有幼童抛石击破教堂窗户。丰大业要求崇厚派兵弹压，但崇厚仅派来几名官弁。丰大业大怒，逐走来人，直奔崇厚衙门，其秘书西蒙执剑随行。途中，丰大业遇到因遭民众追打而逃回的官弁，乃揪住其辫，用枪逼其同往。丰大业威胁杀死官差的消息不胫而走，民人益愤。

丰大业来到崇厚衙门后，拔剑击桌，大吼大叫。崇厚劝其有话细谈，丰大业咆哮道："闻乱民欲得吾命，你当先吾而死。"说罢连发两枪，子弹从崇厚身边擦过。接着，他又用剑劈伤一名前来劝阻的差役，并将屋内杂物信手打破。其时，外面的群众愈聚愈多，崇厚告以民情汹汹，劝其暂勿外出。丰大业答云："我不畏中国百姓！"然后扬长而去，由西蒙在前用剑开路。适遇知县刘杰，丰大业又破口大骂。刘杰劝他息怒，丰大业竟开枪作答，打死刘杰的随从高升。西蒙也向人群两次开枪。狂怒的群众遂一拥而上，杀死了丰大业、西蒙，抛尸河中。其后，人们又鸣锣聚众，焚毁法国领事馆和望海楼教堂，杀死法国神父谢福音、法国驻华使馆翻译官多玛三夫妇及法、俄等国商人，计8人。接着，又渡过浮桥涌到东郊，焚毁仁慈堂，并杀死10名修女（内有2名比利时人，2名意大利和爱尔兰人）。下午5时左右，啸聚的人群散回，途中又拆毁英、美教堂数所。整个事件持续了四五个小时，计有20名洋人丧命（一名吴姓中国神甫也被杀）。

教案发生后，中外震惊。西方列强沆瀣一气，纷纷训令其驻华公使帮助法国对华施压。6月24日，英、美、法、俄、比利时、普鲁士、西班牙7国驻华公使联名照会总理衙门，谓"对教案甚表愤激，事体重大，宜设法防其再发，否则将使中国沦于与全世界为敌之境地"。在法国的要求下，英国政府还训令公使威妥玛协助法使罗淑亚办理津案。为了逼迫中方就范，列强又故伎重演，实施炮舰政策。一时间，外国军舰集结天津大沽口外，除法国 5 艘外，尚有英国 3 艘，美国 1 艘；烟台海面上也游弋着 5 艘法舰、3 艘英舰和 1 艘意大利战舰。

清廷于 6 月 23 日接到崇厚的奏报后，即派直隶总督曾国藩自保定赴津查办。主持外交事务的恭亲王奕䜣则忙于四处游说，指望各国公使能出面调停。但各国公使却威胁说："罗淑亚和法国水师提督性情躁急，难保不遽尔失和"，倘若中国不能克尽"友谊"，则各国也就"爱莫能助"了。于是，清政府又赶紧于 6 月 28 日委派崇厚为钦差大臣赴法道歉（崇厚迟至 10 月 28 日才动身）。

曾国藩在保定接到上谕后，幕僚们纷纷劝他不要仓促赴津。曾国藩也深知此案极为棘手，赴津凶多吉少，故在动身前就拟好了遗嘱。他主张办理此案首先要"立意不欲与之开衅"，强调"目下中国海上船炮全无预备，陆兵则绿营固不足恃，勇丁亦鲜劲旅"，认为"中国目前之力，断难遽启兵端，惟有委曲求全之一法"。当时，刚刚从第二次鸦片战争和太平天国、捻军两次大起义的硝烟中跟跟跄跄挺过来的清政府财政吃紧，国力屡弱。因此，应当承认，曾国藩对局势的认识以及和平了结津案的主张有其审慎和现实的一面。他在另一份奏折中还谈道："苟欲捍御外侮，徐图自强，自非内外臣工，各有卧薪尝胆之志，持以一二十年之久，未易收效。"正因为底气不足，曾国藩在办理

47

津案时一开始就遵循"委曲求全"的妥协方针，一心欲保全和局。他本人为此而遭到时人乃至后世的抨击和鄙视，落了个"残民媚外"的骂名。

7月8日，曾国藩自保定抵天津。刚刚入城，天津县48保就各推举代表拦舆递禀，控告教堂诛害幼童，挖眼剖心。京城的一些王公大臣和"清议派"也大讲"民心可恃"，甚至主张"尽毁在京夷馆，尽戮在京夷酋"。面对来自各方面的压力，曾国藩决定从查清"教士迷拐"和"挖眼剖心"的真相入手。经过十多天的提审、调查，曾国藩认为"挖眼剖心"一说并无确据，遂于7月21日奏请朝廷降谕各省，宣布此说"多属虚诬"，以"雪洋人之冤"，"解士民之惑"。至于教堂迷拐一节，曾国藩认为"迷拐人口，实难保其必无"，但因洋人被杀太多，故"即使曲在洋人，而公牍亦必浑含出之"，以"不失柔远之道"。于是，在押犯王三不久即被释放。消息传开后，朝野哗然，一时"谤议丛积"，连京城的湖南会馆也拟将曾除名。

曾国藩面临的第二个难题是法方提出的府县偿命和拿办"凶犯"的问题。法使罗淑亚7月19日抵天津后，于次日照会曾国藩，一口咬定天津府县张文藻、刘杰有主使或教唆嫌疑，提督陈国瑞也在现场，并搭起浮桥让"暴民"渡河焚毁仁慈堂，提出将此三人抵命，否则，法国海军提督赶到天津后，即令其"便宜行事"。曾国藩唯恐和局决裂，便于21日奏请将张、刘二人革职并交刑部治罪，陈国瑞交总理衙门查办。孰料罗淑亚又于22日再次照会曾国藩，要求将张、刘、陈三人"先行在津立即正法"。法国水师提督都伯理来津后，法方更加有恃无恐，宣称倘若到 25 日下午 4 时止仍无切实答复，全体法国人将撤离北京，后又以撤去驻京使馆相要挟，大有断交开战之势。

曾国藩虽然力主妥协，但对法方的"抵命"要求仍表示"万难应允"，始终加以拒绝。恰在这时，罗淑亚在津获悉普法战争爆发的消息，遂于 8 月初匆匆赶回北京，通过美国公使出面斡旋，希望能与普鲁士在远东保持合作。9 月 1 日，形势急转直下，法军在色当战役中大败，法皇拿破仑三世、麦克马洪元帅及 8 万名士兵被俘。欧洲战场上的失利，使法国自顾不暇，"抵命"一说终作罢议。10 月 5 日，清廷根据刑部奏复，命将已经革职的张光藻、刘杰发往黑龙江效力赎罪，陈国瑞免予处分。

至于拿办"凶犯"一节，曾国藩提出"凶犯"人数应与洋人被杀人数相等。为了凑足这一数字，曾国藩等滥抓无辜，严刑逼供，甚至变通律例，宣布只要动手打洋人，不论是否致命，就算"正凶"；只要有二三人旁证，即使本人不招供，也可定案。10 月 19 日，接任直隶总督一职的李鸿章将 16 名"凶犯"在津斩首。翌年 1 月 3 日，又将 25 名"从犯"判处充军。田二等 4 名杀死俄人的"凶犯"本被判处死刑，后经交涉从轻发落，改判斩监候和杖流。

此外，中方还支付赔偿和抚恤费银 50 余万两，具体数额为：法国：修葺教堂及赔偿损失物件计银 21 万两，抚恤费计银 25.5 万两（含教民抚恤费银 5000

两）；俄国：抚恤费计银 3 万两；英国：赔偿费及抚恤费计银 2500 两；美国：赔偿费计银 4785.19 两。

② 皖南教案

皖南教案主要因天主教会卷入当地的"土客之争"而引起，1876 年夏季首先爆发于广德州建平县（今郎溪），继而波及皖南全境。

皖南一带曾是太平军和湘军进行长期拉锯战的地方，"自兵燹后，遗黎十不存一"。土地因此而大量抛荒，内以宁国府（府治在今宣城）、广德州为最，荒地不下数百万亩。清政府便从河南、湖北、江西等省募人来皖南垦荒定居。随着移民的大量涌入，土客籍之间，客籍移民之间（特别是河南、湖北客民之间），常为占有土地之多寡与好坏而发生矛盾冲突。由于客民与土著居民在宗教习俗上的差异，加上出于寻求教会庇护的需要，故而"湖北客民强半信奉天主教"。在此背景下，土客之争逐渐演化为民教冲突。

皖南教案的直接导火线是 1876 年春从南京传出的"纸人剪辫"谣言。当时，民间谣传天空有纸人带着剪子翱翔，不时降落人间，剪取男人辫发或女人衣襟鞋带，剪法奇妙神速，非人力所能预防，被剪者性命难保。纸人之说纯属无稽，剪辫之举则系民间的秘密会党所为，"其宗教大抵出自白莲教，其头目大抵出自哥老会"，其目的是鼓动人们反清，因为辫子一直被视作被征服的汉人向满人臣服的标志，标志消失，则预示着改朝换代。但是，凡因剪辫而被官府拿获的会党成员，在受审时"必供出自教堂，意以为事涉外洋，地方官不便深究"。凑巧的是，当时江南教区的天主教士在宗教仪式中常用一些剪纸制作的天使像和各种圣像。于是，民间纷传教堂确有散掷剪辫纸人之妖术，搅得人心惶惶，人们"辄无故自惊，吠影吠声，愈讹愈幻"。天主教会顿时成为众矢之的。

同年夏天，剪辫事件在建平县也屡有发生，被剪者均为未入教之人。7月7日，河南客民阮光福的辫子被人剪去，村民易景怀等紧追剪辫之人，途中被瓯村教堂的传教先生白会清拦住。众人便将白会清捆送县衙，但随即就被瓯村教堂的中国籍教士黄之绅强行索回。7月11日，阮光临（阮光福之弟）、安定三（河南客民）等9人在田间薅草，谈起剪辫之事，均认为是瓯村教堂所为。此话恰被路过的教堂问答教师杨琴锡听到，双方遂争吵谩骂。当天傍晚，黄之绅、杨琴锡率20余人，将阮光临、安定三绑架至教堂。次日，阮、安二人的雇主吴永庭来教堂请求放人，黄之绅坚决不允。吴只好找这两名帮工的保人、延平董事余应龙商量。余便求助于另一名董事何渚。

何渚是当地河南客民的首领，久蓄驱逐洋教之意。太平军经略安徽期间，在民间强制推行自己的上帝信仰，严禁一切偶像崇拜，天主教遭此冲击，元气大伤。太平天国败亡后，天主教传教士重新涌入皖南。1873年，宁国府天主教总铎特区正式成立，下辖27座教堂（附设教会学校22所，学生337人），约1650名教徒和近 2 万名望教者（尚未受洗的新入教者）。利用当地的土客矛盾趁机滥收教民，是皖南教会势力在短期内迅速扩张的重要原因。以瓯村教堂的华籍教士黄之绅为例，他本是江苏海门人，1854 年赴意大利学习神学，回国后先在湖北传教数年，后因熟谙湖北方言而被调派到宁国府，在客民中传教。黄之绅平素包揽教民（以湖北移民居多）诉讼，干涉地方公事，并豢养了一批帮凶和打手，横行乡里。更有甚者，他竟将教会女子学校设在自己所住的教堂里，使得外间传言纷起。黄之绅的种种恶行颇招当地官民侧目。宁国府的驻军统领方长华与何渚是倡导反教的核心人物。为了抵制教会的扩张，方长华创立"圣人教"与之对抗，平素大力宣讲康熙在位时颁布的"禁教圣谕"，并令人刊刷天、地、君、亲、师牌位及圣贤格言分发各县乡，视人们之从违暗予赏罚。何渚是方长华的得力助手，平日奔走宣传，甚为热心。被教堂强行拘押的阮、安二人本是河南客民，于是，畛域仇争和反教情绪掺合在一起，终于引发了一场民教冲突。

7 月 13 日清晨，七八百名持械村民将瓯村教堂团团围住，杀死黄之绅、杨琴锡，并焚尸泄愤。白会清也被捉住，经何渚劝解才获释。但众人四处寻找，不见被拘押的阮、安二人踪影，倒在黄之绅房内搜出了一箱天神像。人们益信"纸人剪辫"系教会所为，遂放火烧毁了教堂和学校。

率先在建平点燃的仇教火焰顷刻间燃遍皖南。7 月 15 日至 23 日，在广德、宁国等地，河南客民和土著居民联合持械打打湖北客民（中多教民）聚居的村落，约有40所教堂、学校及教士住宅被焚毁，8名教民被杀。打教风潮在宁国府尤具声势。此前（同年2月12日），宁国府城曾发生应考生员闯入教士住宅打毁器物之事。此时，人们的仇教怒火再次爆发。7月14日，大孙村教堂被攻掠。24日，以当地监生胡秀山为首的数百名群众又捣毁了皖南最大的天主堂——水东镇的宁国府总教堂，连尚未入葬的法国神父伏日章的尸首也被从棺枢里拖出来喂了狗。法国教士金缄三侥幸脱身，当晚逃往南京。

这场打教风潮使皖南天主教会的势力严重受挫。约有500名教民相继退教，占当时教徒总数的1/6。到8月底，整个皖南地区除宁国府府城尚有一座教堂在官府保护下得以幸免外，其余大小教堂均被摧毁；所有的神父或仓皇出逃，或四处躲匿，无一露面。

这场风暴还影响到长江三角洲一带。从苏南地区直至上海近郊，反洋教斗争一时骤为活跃，"每天传到徐家汇（江南教区总部所在地）的只是令人悲痛的消息，使歇夏的神父们人心惶惶，愁云密布"。

事发后，教士金缄三、法国驻上海总领事葛笃、法国驻华代理公使罗凯特相继向中方提出抗议，要求迅速查办。7月30日，法国新任驻华公使蒙莫杭抵达上海，直赴南京与两江总督沈葆桢交涉。金缄三由蒙莫杭转交一份备忘录，要求将方长华召到南京公审，惩办杀死黄之绅的凶手，赔偿损失。沈葆桢强调，此案原为客民、土民互争，属于内政问题，和宗教无涉，教会自行卷入，以致招祸；黄教士乃中国人，应由中方按照中国法律处理，不容外人干预；教会虽劝善为怀，但教民中却难保无不良分子。至于"纸人剪辫"牵涉教会一事，沈氏认为此属虚诬，实系白莲教所为，表示将出一告示，力为教堂剖雪。沈氏还表示将亲自审理此案，并断然拒绝让传教士参与审案或旁听。蒙莫杭无可奈何，只得悻悻然离开南京。

在经过了一番调查、提审，沈葆桢宣布审理结果：①何渚父子并非打毁教堂之罪魁，其宣传"禁教圣谕"系遵行政府功令，其刊刷天、地、君、亲、师牌位乃民间常行之事，并非与天主教为难；②监生胡秀山和客民陈士柯、李才华为滋事魁首；③白会清左道惑众，实肇衅端，系剪辫党类；④阮光临、安定三被捉入堂，致死灭迹；⑤黄之绅、杨琴锡行为不端，愚弄妇女入堂；⑥黄之绅室内搜出之纸人纸马，系天主教应用之物，并非剪辫所用。

金缄三对此裁决大为不满，认为黄之绅的罪状系得自证人口供，而口供乃刑讯的结果，不足为凭，况且此案的真正"凶犯"未见加罪，要求重审。另一位法国神父夫梭也要求"雪黄之绅之冤，惩何渚之横"。

由于在普法战争中的惨败和国内爆发的"巴黎公社"革命的冲击，法国此时已元气大伤，国际地位也急剧下降，故而在远东事务上不得不有所顾忌。沈葆桢对金缄三等人的纠缠未予理睬，仍照原先的判决对该案办结如下：①胡秀山、陈士柯按"土匪"例正法，李才华拘获后另结；②白会清按"妖匪"例正法；③教民陈么哥（害死阮、安二人之帮凶）及村民王立周、何大田（二人均参与打毁教堂）均杖一百、流三千里；④所有被打毁教堂、居所，除系强占民居者勒令清还原主外，其余确为教士所契买起造者，按照受损轻重，酌情赔偿（后赔银33356两）。1877年2月1日，白会清、胡秀山、陈士柯被处死。

由于沈葆桢的全力袒护，方长华、何渚等官绅最终未受牵连。应当承认，沈葆桢在办案过程中表现出了一定的民族气节。面对洋人的刁难要挟，沈氏不卑不亢，坚持该案属中国内政、不容外人插手的立场，坚持认为此案责任主要在教会，黄、杨二人被杀系罪有应得，并最终依法惩办了教民，开教案史上之先例，这在当时的封疆大吏中诚属难能可贵。

3 川东教案

川东酉阳一地在60年代曾先后发生过两起教案，民教之间因互相厮杀而结怨甚深，已见前述。到了70年代，川东民团与教会武装之间的对峙愈益升级。内阁侍读学士广安在光绪二年十一月九日（1876年12月24日）的一份奏折中就此描述道："乡族有教民，则一乡一族不安；城市有教民，则通城通市不安。官无如之何，民更无如之何。于是百姓相约为团，朝夕守望，如防大寇，如御劲敌，纷纷然号叫不靖也……所以，川省民教互相杀毙殴毙者，案悬难结。奴才所经见者，正不独江北厅等县也。"在此背景下，川东的民教冲突已呈一触即发之势。

黔江县民众率先起事。黔江位于酉阳州西北隅，两地风俗民情十分相似。1873年春，法国教士、川东教区主教范若瑟派教士张紫兰到黔江买妥民房，欲开堂设教。川东道姚觐元派人往晤范若瑟，劝其暂缓设教，免生事端。范竟匿而不见。8月底，法教士余克林和中国籍教士戴明卿到县，暂寓一家旅店。9月4日，该旅店附近开始出现打教告白（黔江乡绅李渊镜等所撰），内云："告尔黔邑绅粮，风闻准立教堂。伊即盘踞尔邑，势必流毒我邦……现在调齐团勇，不日提兵入疆。只将教匪殄尽，黔邑毫发无伤。"一时群情激越。次日晨，有民众百余人围聚在旅店门口。余克林见势不妙，便命张紫兰先赴县衙求救，自己和戴明卿后行。但他俩刚入仪门就被差役推出，遂被群众扭到城外河侧殴毙。张紫兰躲在衙署内幸免一死。后经交涉，中法双方议结此案：知县桂衢亨即行撤职，永不叙用，其他数人各依法严办；付安葬费银1500两，另赔银38500两。

1875年间，南充、营山、内江等地又相继发生打教事件。是年6月，南充县团民数千人在乡绅萧用谦的倡率下，逐户各制木棍一根，捣毁当地的天主堂。后赔银400两了结。

同年冬，营山县举行县试，童生云集。因教堂守门人阻止考生参观教堂，激起众怒。考生七八百人围攻教堂。百姓闻风赶到，将教堂打毁。后赔银2800两结案。

紧接着，在内江县，因教民彭志顺、邹贵贤等诬指平民杨正焕毁教，将其强行拘押，勒罚银钱。愤怒的团民遂将彭、邹二人杀死，并捣毁城内教堂。后赔银4000两了结。

山雨欲来风满楼。到1876年，川东各地又掀起了更大规模的打教风潮，民教仇杀愈演愈烈。

是年初，邻水县教民王同兴纠结同党多人，夜间闯入平民冯大泮家肆意劫掠，另杀死团民冯贤贵等三人，伤一人。于是，"阖邑惊惶，互相联络，倡言逐教"。结果，城内外五所教堂被拆毁，教民房屋被焚者达百余家，大批为非作歹的教民被迫逃离出境。邻水县的打教声浪很快波及江北厅、涪州（今涪陵）等地。

在范若瑟的遥控下，天主教势力在江北厅十分嚣张。教会以附设医馆作为窝藏"奸盗邪淫之人"的场所，使"受害者不敢控告，官不过问，差不敢拿"。更有甚者，教会竟私设教差，招纳亡命，以医馆为衙署和监牢，或"坐堂问案，出票叫人"，或"捉搕平民，拔须敲齿"。以唐昌久、黄节耀为首的恶棍教民则倚仗教会撑腰，为害地方，无恶不作。江北厅团首陈子春、聂钦斋遂倡议灭教。邻水打教事起后，民间的反教呼声日益高涨。同年4月8日，陈子春等集结江北48场团民数千人，喊着"斩决唐昌久，炮烙黄节耀、冉武氏"的口号，各持旗帜和刀枪火炮，"驻扎青草坝，排队进皇城"，拥入厅署要求反教。地方官慑于民众的声势，只好"假作痴聋"。一时间，"枪炮震天，旗戈遮日"，"喊杀连天，声若雷霆"，顿时"合邑教堂皆塌，各场医馆尽毁"。此外，打教团民还查抄城厢内外教民百余家，伤毙教民 20 余人，拆毁各场 200 余户教民房屋。

7～8 月间，涪州团众在张在初等人的率领下，"效江北打教之风"，打毁清溪、羊角碛、包家庙、子耳坝、武隆等场教堂及百余户教民房屋，杀死教民袁爱德、吴王氏等 10 余人。10 月 19 日，涪州打教之风又起，数千团民"头裹红布巾，扬旗鸣炮，拥至州城"，焚毁教堂，拆烧教民房屋；又将州属小官山、老关坝、大柏树、鹤游坪、兴场、黄草山、檀棕、汪家山等场教堂焚毁，打死教民黄沈氏，掳去教民黄周氏。在这两次打教风潮中，涪州城内外计有 346 户教民被波及，州属一带教民概行被驱逐出境。

上述打教事件是在川东民教矛盾日益激化、教会武装与各地民团壁垒相对的背景下爆发的。各地乡绅、团众、普通百姓（包括一些盐民和民间秘密会社成员）同仇敌忾，携手打教，极大地挫伤了川东天主教会势力，从而遏阻了其日益膨胀、扩张之势。

三地教案发生后，经过马拉松式的交涉，中法双方最终达成了协议，中方仅赔款一项即支付白银 72000两（邻水 23000 两，江北厅 2900 两，涪州 2000 两）。

川东主教范若瑟蛮横跋扈，是迭酿川东教案的罪魁祸首。在当地绅民的强烈呼吁下，经总理衙门与法国公使交涉，范若瑟于 1878 年被撤回欧洲。

中法战争期间东南沿海和西南边陲省份的打教怒潮

中法战争期间，在民族危机的刺激下，各地民众掀起了波澜壮阔的反洋教斗争，构成了这场中国人民抗击法国侵略的正义战争的一个重要环节。

中法战争爆发后，法国天主教会直接充当了侵略工具，不遗余力地效命于本国政府的军事侵略行动。他们以教堂为据点，造谣惑众，刺探情报，甚至窝藏武器弹药，欲做法军内应。广西上思州与越南广安省接壤，法国天主教会在此设有三所教堂，"徒党繁多，平时行踪已极诡秘，近则遣人四探，添修坚房，勾引匪人，执持军器，出入无忌，不服盘查"。在云南永北厅，法国神父艾若瑟到处扬言法军在越南开兵大胜，福建、台湾不久俱要得手等，另"暗中添价买米，夹带军火"，并煽惑教民说："法国兴兵来福建、越南打仗，有内信各处要预备粮草军火接应，趁机行事。你们奉了天主的教，就是法国的人，后来要用你们，都有出头报效的日子。你们不可泄漏。"在浙江宁波，法国传教士"向各处查探隘卡，行踪诡秘"；定海传教士则每日纠集教民在天主堂内操演，枪声远震，"民间传言，教堂运炮多尊，倘法船抵口，后路空虚，即便轰城"。在辽宁岫岩州，两名法国神父在邻近海滨的岔沟教堂内窝藏了一尊铁炮，六支洋枪，三杆火枪，"俟法兵至旅顺口，俾作栖所"。

其次，教会还唆使教民接济法军食物等军需。两江总督兼南洋通商大臣刘绅一即云："惟天主教受毒甚深，隐患已久，前此中法之战，中国从教官民竟敢敛钱备粮接济法人。"法军盘踞福建闽江口的马祖时，便有"奸民以瓜果牛羊接济"。

此外，教会还网罗一些教民充当法军的炮灰。法军在1884年8月进犯台湾基隆时，驱使大队中国籍天主教徒打头阵，率先登岸。同年10月21日的《字林沪报》就此报道说："法军之登岸者不过七百名，汉奸居其半，黑人十之四，法人十之一。其汉奸多是崇奉洋教之人，以客籍为最多，宁波人次之，而各郡邑人亦间有……法人扎营之后，法兵游行街道，肆入民室，见女童之艳者掳之，见妇女之美者淫之，真可谓肆行无忌，流毒生民矣。"

法军的种种兽行，教会的助纣为虐，激起了中国人民的愤恨和反抗，如火如荼的反洋教斗争很快便席卷全国，直接受到战争冲击的东南沿海和西南边陲省份尤为集中。

1884年6月谅山事变后，法国蓄意扩大对华侵略，由水师提督孤拔统领远东舰队，在中国东南沿海一带进行挑衅。8月5日，法舰悍然炮击基隆炮台，并登岸进犯，被台湾军民击退。10月，法军攻占基隆，旋向台北进犯。台北民众将此归咎于"教徒勾引"，遂"大呼而起，往毁八甲教堂；已而枋隙（寮）、锡口亦遭火"。淡水等地的教堂亦被"一齐捣毁"。在基隆，教堂"除了垃圾以外，已毫无遗迹"。

　　同年8月23日，停泊在马尾的法国舰队突然开炮轰击，中国海军仓促应战，军舰被击沉7艘，官兵伤亡700余人，福州造船厂亦遭炮轰。马尾之役使福建人民对洋人、洋教切齿痛恨。延平民众张贴出反教揭帖，痛斥洋教士"诡计多端，存心叵测……起洋楼于海口，隐占要关；设教堂于冲途，显招爪牙。无非欺我幼主，谋我中国"。各地毁教堂、打教民事件时有发生。在宁德县，民众"将石块撞门，意欲即毁礼拜堂"。在福州万安汛一地，"过路尾教友无故被杭下人殴伤"。在古田县，"有士子谤渎圣会，写出白字朱谕，以鼓民人起衅奉教人"。在厦门同安小西门外双浚头乡，美国长老会教堂"叠（迭）次被人用粪污门，以石破瓦"。

　　闽江开战之时，浙江宁波"警报叠（迭）至，民心惶惑"，民间遂有拆毁教堂之议。同年10月4日夜间，温州西街教堂洋人强行捕拿一名平民，将其拉至堂内关禁。温州民众目睹这一暴行后，群起"打门入内，找寻被拿之人无着，将堂内存储洋油倾泼放火"，焚毁了教堂。接着，又将城内周宅巷、岑山寺巷、五马街、泉坊巷、花园巷等处教堂烧毁，复又冲至双门，"打毁税务司洋关房屋，并将洋人器皿什物搬到屋外空地，举火焚烧"。一夜之间，温州计有六所教堂被毁。

　　广西、广东两省与越南毗邻，"越南之事，法人恃强欺凌，粤民在越者甚多，咸怀忠愤，是以遇事生衅"。1883年秋，广西贵县团总李亚英奉命募兵援越抗法，应征青年十分踊跃。八塘附近三板桥天主堂的法国神父伯业蓄意阻挠教徒子弟应募，散布谣言，并以驱除教徒出教、收回教堂水田相威胁。人们对法教士平素出租放债重利盘剥、强迫教徒改变习俗等行为早已愤愤不平，此时更是怒不可遏。同年 10 月 5 日，新兵在出发之前群趋三板桥，将教堂的数百担谷子分给当地民众，并捣毁了教堂。由于民间打教之风日甚，上思州一带的法国传教士无法立足，只好纷纷"逃到安南东京，后到香港避难"。

广东在马尾之役后，迅速掀起了反洋教斗争高潮，"其时人情汹汹，数百里内外，传书聚众，必欲得敌人而甘心。见有敌国之人，无论官商，敌国之物，无论钱货，誓不稍留于境内"。1884 年 8 月 31 日，广州民众开打教之先声。短短两天内，城内卖麻街天主堂被查封，北门外陶金坑天主堂及教民房屋 20 余间被拆毁，法国领事官、教士及兵丁坟墓亦被掘毁。9 月 3 日至 7 日，顺德县教堂 9 所、教民房屋数百间被拆毁，教会田地被占用。3 日至 9 日，东莞县县城天主堂 3 所被查封，四乡有 5 所教堂及 50 余家教民房屋被拆毁。19 日，嘉应州、潮州府两所教堂、数间教民房屋被拆毁。到 11 月间，广东境内计有 50 余所教堂被毁，40 多名传教士被驱逐到香港和澳门。

云、贵、川三省是法国巴黎外方传教会的重要活动据点，民教矛盾一直十分尖锐。中法战争爆发后，贵州人民率先举起打教旗帜。1884 年 9 月 27 日，该省官员奉命将清廷对法宣战的上谕贴在遵义天主堂门首，"众人聚观，读到法人背盟肇衅一节，各怀义愤，人声嘈杂。堂中司铎、教民心怀疑惧，施放洋枪，激成众怒"，遂致"遵义府城内大教寓三处，天主教堂一处，育婴堂一处，小教寓一处"被民众焚毁。接着，石阡、桐梓、正安、湄潭、仁怀、绥阳、安化、婺川等地教堂会所也相继被毁。据粗略估计，教会在这次贵州打教风潮中损失产业"价约一百万佛郎克"。

贵州打教风潮很快又蔓延到四川和云南。时任川东教区主教顾巴德就此叙述道："贵州之祸，亦恐延及与贵州毗连之川东，可叹真不出其料。九月初四（阳历10月22日），綦江县之天主堂遭受毁劫。初四日以后几天间，该县乡村教寓亦遭此祸。"11月14日，与四川接壤的云南永北厅民众也倡言打教，声称"凡奉教人俱要杀害"。司铎艾若瑟等法国教士闻讯胆寒，于翌日夜晚"越墙逃走"，窜入四川境内躲避。人们遂将"天主堂房屋、两学堂及教民房屋数处"焚毁。

值得一提的是，不少中国天主教徒在此非常时期有所醒悟，毅然投入了反侵略斗争。在云南，许多教民不畏洋人的恫吓，自动悔教为民。在广东，法舰煽惑沿海"教民助乱"，"该教民不从"。马尾之役和镇南关之战，都有一些教民参加战斗和从事后勤，有的还壮烈殉国。

5 西南藏区的反洋教斗争

早在鸦片战争以前，西方传教士就已开始向西藏渗透。

1624 年，受罗马教皇派遣，葡萄牙人安多德神甫和另一同伴自印度果阿（当时被葡萄牙占领）出发，越过喜马拉雅山，潜入阿里地区的泽不兰，是为西方传教士涉足藏区之始。1626 年，安多德通过贿赂统治这一地区的古格土王，在西藏高原建起了第一座天主堂。不久，印度果阿教堂又派来了三名神甫。天主教势力的日趋发展遭到了当地喇嘛和藏民的强烈抵制。1630 年，古格王朝发生内战，古格土王被喇嘛教势力击败，五名传教士遭软禁，传教活动遂告瘫痪。

1635 年，七名传教士奉遣自印度果阿再赴阿里。内有二人在翻越玛拉山口时因缺氧丧命，另有三人中途病倒无法前行，仅有柯里斯马和柯里亚两人侥幸到达泽不兰，旋因无法立足而撤返。罗马教皇的尝试再度受挫。

与此同时，天主教会对阿里东部的卫、藏地区也展开了渗透活动。1626 年 4 月，意大利人卡西拉和卡布拉尔作为首批派往卫、藏地区的传教士，自印度柯钦潜入日喀则。由于当地僧众的坚决反对，加上卡西拉不久病死，卡布拉尔在日喀则终未能建立教堂，也未能发展一名教徒，只得于 1631 年知难而返。

1708 年，天主教的卡普清派又派遣古施普、佛南两名修道士潜入拉萨，后又相继派出修道士范罗、哥范里前往。由于印度与拉萨相距甚远，运输不便，物资难以供应，传教士在拉萨建立教堂的计划未能实施。1713 年，范罗离开拉萨赴罗马求援。

第三批进入卫、藏地区的传教士属于天主教的另一派别。1716年，德里得里和佛雷利自印度潜入拉萨。他们研习藏文、藏史，竭力和拉藏汗笼络关系。同年，去罗马求援的范罗在得到教皇的大笔资助后重返西藏。两派为争夺传教权互不相让，后经教皇裁决，德里得里退出西藏返回印度。卡普清派夺得传教权后，于1721年在拉萨正式建立了天主堂，虽惨淡经营，仍难以立足。1745年，西藏地方政府将传教士赶出拉萨，并关闭了教堂。

鸦片战争后，鉴于自印度潜入西藏传教的活动一再受挫，为了避免触犯藏族上层喇嘛的统治利益和喇嘛教徒的宗教情绪，并趁机挑起中国的内部矛盾，西方传教士又改换手法，试图从内地进入四川藏区和西藏传教。1848年，法国天主教会在达林埠（今大林坪）建立主教府，是为教会侵略势力染指川康藏区之始。1862年，教会又将设在达林埠的主教府迁至打箭炉（康定），企图进一步向西扩展，打通到拉萨的道路。次年，罗勒拿等法国教士竟在巴塘一带假传诏旨，谎称清廷已下令"凡有天主教之人进藏，不准阻止"云云。清廷震怒，认为此举"殊属可恶"，饬令地方大员妥筹防范，"如有内地传教之人潜赴藏地者，概行截回，毋令乘间偷越"。法教士在康区建立教堂的企图暂时受挫。

英国步法国后尘，多次向清政府提出进入康区"传教"等要求，均被拒绝。1864年，英国公然以武装护送的方式强行入藏，但因在途经尼泊尔时与尼军发生冲突而受阻。

1874 年，英国驻华使馆翻译马嘉理在云南边境被杀。英国以此为借口进行恫吓、讹诈，强迫清政府于 1876 年订立了《烟台条约》。该条约规定英人可经甘肃、青海、四川等地进入西藏，转赴印度；也可由印度进入西藏。从此，列强攫取了进入云南、四川、青海、甘肃、西藏等藏区公开传教、游历的特权。1879 年，英人吉为哩迫不及待地自成都前往西藏；另一英人贝德禄则从四川赴打箭炉，再从西康折入云南。随着英人纷纷进藏，其他国家的殖民者也打着"传教"、"游历"的招牌，争先恐后地涌入藏区。

这些传教士窜入藏区后，借布道之名，从事间谍勾当，刺探情报，测绘地图，搜集藏族的社会历史资料，充当本国政府对华侵略的鹰犬。《改进》杂志曾刊文报道，在阿坝藏、羌族地区活动的英国传教士能识藏文，说藏语，常到各地布道旅行，"在每一次布道中，都要绘不少地图，结交不少夷人，现布道会从威州起一直可以影响到马塘以西，由洋人历年寄回该国政府的川边西藏地区和其他布道计划、风俗、生产的种种书籍，不止数十百包……每年布道会进理番（今理县）、杂谷脑去避暑的英国男女数十人。你以为他们在避暑吗？他们一天到晚都在爬山、查矿、测图、著书啊"。

在川边藏区，传教士们还到处招摇撞骗，别有用心地说藏民"不像中国人，却十分像美国的印第安人"，企图挑拨民族关系，破坏中国的统一，从而为本国政府的侵略活动制造借口。

此外，教会还巧取豪夺，霸占田产。法国天主教会在川康藏区占地最多，他们采用强买、霸占、典当等手段，先后将打箭炉一带的 500 亩良田据为己有，另在泸定占地千余亩，在巴塘占地百余亩，在道孚占地 200 多亩。教会以此征收租税，建立堡垒武装，包揽词讼，俨然国中之国。

西方传教士在川康藏区无孔不入，肆意渗透，起了侵略者大炮所不能起到的作用。对此，连打箭炉同知李之珂也不禁忧心忡忡："外人觊觎边荒，借口传教，譬诸水银泻地，无孔不入。现在打箭炉、巴塘、炉霍等处以及各土司的地方，法、英教民日增一日……外人笼络'蛮族'，多方诱哄，必至尾大不掉。强据我边界，扰我藩篱，虎视眈眈，要挟无厌，如蝗虫入境，不食尽不止。"

广大藏族同胞信奉单一的喇嘛教，故而坚决抵制洋教对藏区的渗透，反对洋人以"传教"、"游历"等任何名义入藏。1880 年，奥匈帝国游历官摄政义等欲由川境入藏，"当其未到巴塘之先，藏中番众一闻洋人入境，哗然聚兵拦阻，情势汹汹"。西藏上层人物一面分调昌都、乍丫等地藏兵准备克日赴巴，一面正告巴塘文武土司，必须将各处洋人逐去，并出具永无洋人进藏切结，方可罢兵，"否则直到巴塘，焚毁教堂及土司房屋"；另传橄川、滇藏地区各土司及僧俗人等，"以后一体不许洋人过境，亦不准各处迎护接送"。清驻藏大臣闻讯后，特派夷情部郎主事开泰率七名随员

"驰诣巴塘，妥为开导"。此时，摄政义一行已被迫改道入滇，但"藏番仍嚣然不靖"，"意在必得永无洋人游历入藏结据，并允以后驱逐法国教士，始肯退兵，二者缺一不可"。清廷无可奈何，只得以虽经"再三开导，藏中番众执意力阻"为由，命令总理衙门与各国交涉，希望洋人暂缓入藏。

清政府害怕得罪洋人，一味袒护其入藏，更激起广大藏民对洋人的敌视，检查更为严格，就连清朝官员入藏也不轻易放行。1886年8月，道员丁士彬进藏，行抵莽里江卡时，藏民怀疑丁的随员中混杂有洋人，竟将丁士彬一行扣留下来。

藏区的政权结构采用政教合一的形式。无论是僧俗上层集团还是广大下层民众，在崇奉佛教和喇嘛、厌恶洋教和洋人方面，是完全一致的。在藏区，反洋教斗争既是捍卫宗教独立的斗争，又是一场全民族的自卫反侵略斗争。所以，反洋教斗争无论发生在藏区什么地方，都会得到各个阶层的支持和响应。这就是洋教在藏区难以立足的最主要原因。西藏政教领袖之一的九世班禅即对英国在日喀则建立教堂的企图坚决抵制，并因此而受到藏族人民的拥戴。又如，1888年藏族军民出征抗击英军入侵前夕，十三世达赖亲自为每一名士兵摸顶及发放护身符，并命15名喇嘛在布达拉宫念"武经"诅咒英军。藏族下层民众在反侵略斗争中表现得更是异常英勇。英人康特莱在记述藏族同胞在康马抗击英军时说："和西藏人打交道，就必须意料到意料之外的事情。他们是会试图完成不可能完成的任务，闭着眼睛不顾现实的……几十个人会奋起猛攻比他们强大得使他们的斗争成为绝望的敌人，拼死地战斗到最后一个人倒下去。一些为数不多的被强征的农民，就会为保卫一个村庄全体战死，像古罗马爱国者那样。"

附带说明的是，在70～80年代之后，藏族的反洋教、反入藏斗争仍然不绝如缕，颇有声势。1891年，英人鲍威尔从拉达克列城经阿里潜入羌塘，企图前往拉萨，结果行至滕格里湖时被藏民截住，只得去昌都转赴打箭炉。1893年，法人莱恩士和格纳德自青海入西藏，也在腾格里湖被阻，但他们竟强行东返闯入黑教区域，结果被愤怒的藏民杀死。1895年，英人李代儿一行由青海东部翻越阿克塔进入羌塘，行至格林湖时被藏民拦截，只好西折阿里返回拉达克。同年，法国传教士胡克和嘉伯特化装成喇嘛，经内蒙古、青海潜入拉萨，企图将拉萨和法国在印度的教会连成一片，并想从拉萨去印度，结果遭到藏族僧俗民众的反对，最后只得由驻藏大臣派人护送，经打箭炉转赴内地。1905年的巴塘教案则是藏族同胞发起的规模最大的一次反洋教斗争。1904年，英军侵略西藏，清政府赶紧筹划经营川边藏区。驻藏帮办大臣凤全奉命来到巴塘，从限制喇嘛人数、权利和开垦荒地入手，布置改土归流，引起上层僧侣和藏族土司的不满。同时，凤全一味"袒庇洋人"，对教堂"力为保护"，加之所带卫兵习洋枪、用洋鼓，藏民遂以为凤全"办事悉为洋人来"。正值当年"天时荒旱，收成歉薄，民不聊生"，而凤全却横征暴敛，藏民怨声载道。1905 年 2 月 18 日，3000 余藏民发起武装暴动，焚毁了教堂，杀死了两名法国教士。凤全及官兵 50 余人也悉被击毙。随后，在道孚等地也发生了"焚教堂，戕教士"的事件。

从 1624 年安多德神甫最早潜入西藏阿里泽不兰传教到新中国成立前夕传教士撤离藏区，前后约 300 余年。在这漫长的时间里，传教士们虽然付出了巨大的代价，但最终收效甚微。据现有资料统计，外国传教士未能在西藏建立一所教堂，发展一户永久的教徒。正因为天主教一直未能在西藏立足，1910 年，梵蒂冈教皇被迫取消"拉萨教区"，成立"打箭炉教区"（后为"康定教区"）。教会在川、滇等省藏区的传教活动同样不容乐观。据 1949 年统计，在今甘孜藏族自治州内的 20 多个县中，仅有康定、泸定、道孚、丹巴、巴塘 5 个县建立了计 9 所教堂，其中大部分教堂分布在汉族集中的泸定和康定。全州共有教徒 2301 人，其中藏民不足 100 人，在全州藏族人口中所占的比例很小。此外，今阿坝藏族自治州和今云南迪庆藏族自治州的教堂及教徒虽然稍多于甘孜，但这两个地区的汉族群众较多。总的来说，外国传教士在中国西南藏区的传教活动基本上是失败的。

连绵不断的藏族人民反洋教斗争搅乱了西方列强策划"西藏独立"、将西藏纳入其殖民体系的黄粱美梦，体现了藏族同胞维护祖国统一、抗击外敌入侵的可贵精神，谱写下藏族历史一页光辉篇章。

6 重庆教案

重庆位于四川省东部，依山带水，地势险要，又是长江上游最大的水陆码头，物产汇集，商业繁盛，向为西方殖民主义者所垂涎。早在 1713 年，天主教传教士就已在重庆购买民宅设堂传教，这是清代四川建立最早的教堂。1840 年，法国巴黎外方传教会开始营建四川教区。1844 年 4 月，上文提到的教士范若瑟被派驻重庆，重点拓展川东一带的教务。嗣后，重庆及川东各县"设堂有似雨后春笋"。1856 年 4 月，为了进一步扩展在四川的势力，天主教会又将四川本部划为川西北教区和川东南教区。川东南教区（习称"川东教区"）主教驻重庆，第一任主教范若瑟。重庆遂成为天主教会在四川的一个重要据点，而民教冲突从此也就愈演愈烈。

1862 年秋，法国公使哥士耆凭借《北京条约》中有关"还堂"的规定，要求中方将重庆城内的长安寺划给川东主教范若瑟改建教堂，以抵还川东 4 所教堂的旧址。长安寺是川东名胜古刹，寺内还设有川东 36 属保甲团练总局和驻渝 8 省绅首办公所，故而重庆绅民坚决抵制，要求法方撤销原议，在城内另择一闲旷处所兴建教堂。但范若瑟态度蛮横，坚持原议，以致激起公愤。1863 年 3 月 13 日，重庆绅民约千人"找寻天主教士理论"，双方发生争斗。愤怒的群众将天主教真原堂、传教公所和教士住宅打毁。事发后，中法双方几经谈判，于 1864 年底达成协议：范若瑟放弃对长安寺的要求，"另行卜地修建教堂"；重庆绅商赔偿教会银 15 万两。川东道恒保另出示晓谕民间："嗣后各属境内教民，如有典买田宅修建经堂、医馆等项，该处士民均宜玉成其事……地方官尤当随时开导居民，勿与教民口角微嫌，妄起争端。倘四民中有借故与教民生事者，应禀与地方官究治。"这样，通过教案交涉，教会不仅勒索到巨额赔款，还获得了在重庆及川东各属广修教堂等特权。

在"民人衍忿已深，教中气焰已炽"的背景下，1865 年和 1868 年，川东酉阳先后发生两起教案；1876 年，川东邻水县、江北厅、涪州又相继发生教案，已见前述。到了 80 年代，即在第一次重庆教案结束 20 余年后，重庆民众郁积的仇教怒火又再次爆发，掀起了一场规模空前的反洋教斗争。

美、英教会强行占地修堂建屋是引发这场打教风潮的直接导火线。1877 年，英国传教士麦卡悌来到重庆，建起内地会在四川的第一座教堂和传教中心。1881 年，美国美以美会也将重庆定为在中国西部的传教据点。此后，其他差会又相继派遣传教士到重庆。这样，除天主教外，重庆同时又成为新教在四川的一个传教中心。1886 年春，美、英教会强买重庆鹅项颈、亮风垭、丛树碑三处地基，大兴土木，修建教堂、医馆及传教士避暑之所。因三地均属重庆险要之地，故而"渝民惊疑"，议论纷纷，认为此乃"分途犄角之谋，为高屋建瓴之计"。5 月，重庆府属文童开考，

"已觉群性汹汹"。6月初，重庆士绅纷纷上书，力陈教会扼据要地修堂建屋的危害性，呼吁官府与教会交涉，表示愿筹款项赎回三处地基，并偿付教会建房已用的工料费。同时，民间的打教活动已在秘密酝酿之中。在川东各县，"风闻民团各制器械，暗相联络"，拟会合于重庆两路口和浮图关。地方官唯恐激成民变，乃与教会多次交涉，"奈赎还之议大非西人所愿"，终未能达成协议。6月底，川东各属在重庆应考的武童发出揭帖，倡言"学江北那年打出打进"。山城已呈山雨欲来风满楼之势。

7月1日晨，成群的考生和市民涌往鹅项颈、亮风垭、丛树碑，将美、英教会所建房屋拆毁。巴县知县国璋闻讯，连忙将教士及其眷属接到城内。下午，打教人群又将城内杨家什天主堂打毁，复又到蹇家桥打毁真原堂，继而又将石板街公所主教公寓、小什字英国内地会福音堂打毁，直到深夜始散。官府又赶紧将这里的传教士及其眷属护送到道、县署中保护起来。

洋人被官府保护起来后，群众又将打教的矛头指向平素作恶多端的天主教徒罗元义。罗元义家境富有，捐有花翎同知衔加三品封职，"为人豪恶，内交官吏，外恃洋人"。他承修美国教会鹅项颈建筑后，强迫居民搬迁，惹得民怨沸腾。打教之风兴起后，罗"自知平日奉教，与地方绅民蓄怨已久，虑恐来家寻仇滋事"，遂雇募壮丁百余名，每人每日给钱三百丈，为其看家护院。7月2日上午，群众纷纷涌向杨柳街。罗元义见势不妙，一边紧闭大门，一边派人赴巴县绥庆营求援。

门外民众愈聚愈多，吆喝讨伐之声不绝。不多时，官兵赶至。罗元义遂令爪牙吴炳南、何包鱼等率众蜂拥而出，对打教群众刀枪齐施，当场杀11人，伤22人（罗家护院亦伤8人）。遇难民众死亡枕藉，"未验各尸拖内匿井，鬼水化灭；余用洋箱装抬弃河灭迹"。

惨案发生后，天主教会公然庇护凶犯，将罗元义等藏在白果树教堂内。民众投状诉冤，要求惩办凶手，而官府"畏惧教势，不敢拘拿"，听任罗元义"优游法外"，一时舆论沸腾。重庆城内旋又出现揭帖，号召"合邑人等，大家齐心，为国除害，死者冤伸"。自7月3日始，全城商人罢市，考生罢考，打教活动也时有发生。7月25日，约3000名民众在石开阳、石汇父子的率领下，齐奔白果树教堂打教，与教会事先请来压阵的官兵发生冲突，营勇杨什长当场殒命。愤怒的群众放火烧毁了教堂，接着又将教会的书院、医馆及教士住宅一并捣毁。

一石激起千重浪。顷刻间，川东铜梁、大足等县的民众也纷起打教。重庆事件迅速"传播全蜀及滇、黔，各地皆有滋扰外国教士之虞"。

教案发生后，英国公使华尔身、法国公使恺自迩先后照会总理衙门，施加压力。7月16日，清廷饬令新任四川总督刘秉璋"兼程赴川，督饬妥办"。8月13、23日，清廷又迭发上谕，令刘秉璋等"将为首滋事之人严拿惩办"，"毋得归咎于罗元义一人，致纵舍内奸轻开外衅"。四川大吏秉承旨意，将石汇立即处斩枭示，判石开阳斩监候。同时，为了平息民愤，又将罗元义立斩枭示，判吴炳南、何包鱼斩监候。至于赔偿问题，经过多次谈判，双方于年末达成协议，中方应允赔偿美国教会银 23000 两，美方退还鹅项颈、亮风垭地基，由中方另换地基，偿付购地费银 2500 两；赔偿英国教会银 18570 两，英方退还丛树碑地基，由中方偿付购地费银 180 两；赔偿法国教会银 22 万两（含教民抚恤费）。合计赔偿银 264250 两，从川东盐厘、省城盐厘和捐输中拨充。教案议结后，重庆官府告示民间：倘若再有打教事发，"一经访闻或被指禀，定即拘案惩办，决不姑宽"。

在第二次重庆教案中，官、绅、民的具体表现颇耐人寻味。20 余年前重庆首次发生教案时，尚有川东道吴镐、巴县知县张秉堃支持绅民反对教会将长安寺改建成教堂，而在此次教案中，地方官对打教则持观望和反对态度，甚至诬称打教群众是"乱民"、"滋事匪徒"、"愚氓"。至于绅士，虽然最初在宣传鼓动方面十分活跃，但当暴力打教活动兴起后，便悄然引退了。相反，下层民众的斗志始终十分高昂，构成了斗争的主力。

五 19世纪90年代前期的
重大教案

　　进入19世纪90年代后，列强加紧对中国内地进行全面渗透。与此相呼应，教会也极力在内地扩张势力。从沿江商埠直至内地的穷乡僻壤，几乎无处不留下传教士们穿梭往来的足迹。在洋教四处蔓延的同时，洋货也以前所未有的规模涌入中国市场，中国对外贸易的入超额急剧增长。封建的自给自足的小农经济结构在洋货的冲击下迅速解体，纷纷破产的农民和手工业者被大批抛向社会，沦为无业游民。整个社会处于更加动荡的状态。

　　在此背景下，1890～1895年间，以四川、长江中下游地区、热河东部为中心，民间又掀起了新一轮反洋教风暴。与七八十年代相比，斗争的形式和内容也有了新的变化。

　　首先，在中法战争前后逐渐加入反洋教斗争行列的民间秘密会社异常活跃，充当了斗争的主角，标志着斗争的领导权已逐渐转移到下层民众的手中。1891年长江流域的反洋教风暴便是由哥老会组织和发动的。

薛福成在《处置哥老会匪片》中说："此次焚毁教堂，殴毙教士，传闻系哥老会匪散布揭帖，激发众怒，事起则率党纵火，事毕则潜踪四散。"美国驻华公使田贝在致美国国务院的报告中亦云："据说，秘密会社是这些骚乱的根本原因。该项会社以长江流域为最多，他们都是反对外国人的。"同年爆发的热河反洋教大起义则是由金丹道教和在理教发起的。1895 年发生在福建古田的打教事件，其领导者和参加者均为斋教成员。

其次，以往的反洋教斗争大多表现为暴动、骚动或民教械斗，大体是一哄而起，旋起旋息。而 90 年代，斗争形式已发展成为有组织的大规模的暴动或武装起义，反帝反侵略的色彩也更加鲜明。例如，1890 年在四川大足爆发的以余栋臣为首的反洋教大起义震动全川，影响深远。热河反洋教大起义的声势也十分浩大，起义军纵横数百里，坚持斗争两个多月，历大小数十战，直至最终失败。在长江中下游地区，经哥老会的预谋串联、组织发动，反洋教斗争的烽火几乎燃遍沿岸各城镇码头，连成了一片火海。与此同时，哥老会还计划在长江流域揭竿起事，后因秘密采购的军火被海关查获，起义被迫中途流产。

此外，由于地方官吏在反洋教斗争中表现沉寂，不少地方的民众还同时将斗争的矛头指向封建官府。各地反洋教起义爆发后，清政府一律予以镇压，使得起义民众愤而杀官劫狱，攻城略地，与清军进行武力对抗。这样，以反帝爱国为主旨的反洋教运动便很自然地被涂抹上一层反封建的色彩。余栋臣起义、热河起义均属于这种情形。在长江流域的反洋教风暴中，哥老会也将斗争的锋芒同时指向唯恐惹恼洋人的官府，并秘密筹划武装暴动。

90年代反洋教大军的行列中，仍可见到绅士的身影，其中，周汉的表现尤其令人瞩目。周汉系湖南宁乡县人，儒生出身，后加入湘军，参与镇压太平天国，接着又随左宗棠出征西北，1884年方返回湖南。从1889年起，周汉撰刊了大量反洋教宣传品，包括书说、图画、歌谣、揭帖等，在沿江各省广为散布，在1891年长江中下游地区的反洋教风暴中起了重要的宣传鼓动作用。后因列强不断向清政府施压，周汉最终锒铛入狱。不过，周汉撰写的宣传品言词尖刻，流于谩骂，极少理性批判。他依然以捍卫纲常名教的姿态，援引儒家伦理观念来驳斥基督教教义。他所揭露的洋教的种种罪恶，诸如剜眼、割肾、取胎、切奶等，纯属谣传、附会，缺乏说服力。他所拟定的斗争手段，诸如遇见"鬼教"就打，遇见"鬼书"就烧，利用团防、族规进行抵制等，也没有任何新的内容。这样，也就很难为下层民众的反洋教高涨提供新的理论与行动指导。

大足教案

90年代反洋教斗争的火焰最先是在四川大足燃起的。大足县隶属重庆府，位于重庆西部，是天主教会在川东的重要据点。早在清嘉庆、道光年间，天主教士就已潜入大足活动，只不过当时"俱就信众之家，未置诵经场所"。1865 年，法国传教士骆某来大足"传集信众，捐资置业"，在马跑场燕子窝修建了该县第一座天主堂。1882 年始，法教士彭若瑟又在县属龙水镇、三驱场、万古场相继修建了教堂。

传教士在大足站住脚后，以征服者的姿态横行无忌。他们插手地方行政，干涉民教诉讼，甚至"买保正以作心腹"，将一些乡村的保甲系统置于教会的控制之下。在马跑场一带，保正均为清一色的教民，非奉教之人只能担任保副。不法教民倚仗教会撑腰，往往抗缴捐税，官府也不敢过问。此外，教会还强行占买田产。大足境内凡有教堂之地，附近良田多为教堂或教民所占，如彭若瑟在龙水镇龙西二村占买水田 1200 亩，马跑场教堂在当地占地达 1500 多亩。放高利贷则是教会盘剥农民的另一种手段。据《永定章程》碑文记载：同治四年（1865）马跑场教堂建成后，以钱 70 串放贷生息，逐年本利相加，"至光绪二十二年（1896）顿增至一千二百余串"。教会的为非作歹使得大足民众"人情怨愤，疾之若仇。强悍之徒，尤睚眦不平，久欲得当以惩创之而未发也"。

1886 年第二次重庆教案发生后，大足民众闻风响应，打教风潮率先在龙水镇爆发。龙水镇距县城 40 华里，附近的西山跨大足、铜梁、永川三县，山上有煤窑、石灰窑、纸厂，其产品均由苦力运到镇上销售。同年 7 月 20 日，四乡民众赶至大足镇，参加一年一度的迎神赛会——灵官会，并纷纷前去观看新教堂，被数十名持械守护的教民阻止。双方发生口角，继以斗殴。愤怒的群众遂将教堂夷为平地，接着，又相继将三驱场、万古场两地的教会医馆及98户教民房屋打毁。事后，中方赔偿教会银15000两，另缉拿"滋事之人"。教士彭若瑟用赔款重建龙水镇教堂，并强占人文桥边的炭市，将许多运炭的苦力挤到桥下设市，百姓多愤恨不已。次年灵官会期日，正逢教堂刚刚竣工，守护教堂的教民如临大敌，持械驱赶围观人群。四乡民众越聚越多，合力将新建教堂再度捣毁。彭若瑟借机要挟，又提出索赔、拿办"主犯"等要求。大足县知县吴克谦因"不忍严办教案"，被参劾罢职。

龙水镇教堂两度被毁后，教会于1888年又鸠工重建，并扩展地基，厚筑围墙。1890年灵官会期前夕，教堂再告修竣。鉴于教堂前两次都是在会期被打毁的，彭若瑟便通知新任知县钱葆堂，要他出令禁止举办传统的迎神赛会，并请把总刘连升届时带兵协同守护教堂。钱知县一一照办。灵官会期当日，四乡民众仍然络绎不绝地赶到镇上。当人们得知停办迎神赛会的原因后，无不愤愤不平，纷纷拥向教堂，将之团团围住。群众质问刘连升"究竟是朝廷的官还是洋人的官"。刘恼羞成怒，喝令官兵捉人，导致官民互殴。平民蒋兴顺在肉搏中身亡。教民王怀之等趁机寻仇，纵火焚毁附近的民房。民众怒不可遏，立将教堂打毁。打教人群渐次散去后，刘连升复令捉人。家住白鹤林的蒋道甲等乡民恰好担锣鼓回家，途中被官兵抢去大锣，该锣背面有墨书"蒋赞臣"三字。刘连升提锣回县复命，捏称此是"乱民的催兵锣"。知县钱葆堂因洋人再三逼令交出主犯，情急之下，竟诬称三次打毁教堂事件均系蒋赞臣主使，并派兵前往白鹤林捉拿蒋赞臣。蒋系当地富绅，听到风声后，赶紧携子逃至西山脚下表兄余栋臣家暂避。

余栋臣是当地农民，农闲时则充当苦力挑贩。他性情豪爽，爱打抱不平，在群众中颇有声望，是龙水镇三次打教事件的积极参加者。蒋赞臣受人诬陷避难来此后，余激于义愤，当即邀约在西山打工的李尚儒、唐翠屏、李玉亭和二弟余翠坪、四弟余海坪等 12 人，在余家院子歃血为盟，酝酿抗官起事。

同年 8 月 8 日，余栋臣率领百余名西山工友持械攻入龙水镇，杀死恶棍教民 12 人，打毁 200 余户教民房屋，并没收教民财产，勒令其退教。四乡民众纷起响应，相继焚毁马跑场、强家坝教堂。一时间，"数百里汹汹骚动"。余栋臣还发布檄文，痛斥洋人"禀夫犬羊之性，假以虎狼之威"，并列数教会"欺侮中华"之"骇天八大罪状"；另斥责官府"不惟助纣为虐，反而与贼同情"，将斗争的锋芒同时指向袒教抑民的地方官吏。与以往出自乡绅笔下以"保卫圣道"、"摒弃异端"为主旨的反教揭帖相比，该檄文所流露出的思想、认识无疑是一大飞跃。在此檄文的号召下，四乡民众纷纷投奔余栋臣，起义声势日渐浩大。

起义爆发后，清政府十分震惊，认为"余蛮子胁众抗官，此风亦断不可长"，应照案严拿。重庆知府王遵文奉命急驰大足查办，促余栋臣解散起义军，结果碰了个钉子。王遂返回重庆与川东道张华奎商议，制定了对起义军武力镇压和分化瓦解双管齐下的政策，并派桂天培接任大足知县，率绥靖营官兵赴大足具体办理。

鉴于过去川东民教仇杀中往往有乡绅控制下的民团参加，桂天培甫到大足，首先便竭力笼络地方武装，委任大地主蒋礼堂为团首，由龙水镇、三溪镇、三驱场、双龙铺四处团练联合成立安民局，协同官兵攻剿。同时，他又对起义群众进行分化，声称"此番官兵到县，专为缉匪安民"，所有从前因受人欺凌或被人诱胁而参加打教者，一概准以"自新"。在官兵和民团的联合进攻下，一些起义人员开始产生动摇。蒋赞臣率先投降官兵。接着，余海坪战败后被俘后叛变。余栋臣被迫率部撤出龙水镇，退守余家院子。1891年4月25日，县令桂天培率领两营勇丁进驻龙水镇，调集当地团练随同进攻余家院子。起义军被迫退匿三县交界处的西山。

1892年1月7日，清政府与法国公使就大足教案达成协议，中方计赔偿教会银5万两，并通缉余栋臣等6人；另拿办引发事态的教民王怀之、朱矮子两人，"以顺舆情"。

教案虽告议结，但大足人民并未就此屈服。潜伏在西山的余栋臣、余翠坪与铜梁县哥老会首领刘义和遥相呼应，多次率众下山出击，转战于大足、铜梁间，并惩处了一些不法教民。是年秋冬之交，起义军二三百人再度占领龙水镇。桂天培率官兵和绅团前来合剿。起义军退扎十箭场，与围攻之敌血战数小时，击伤桂天培，另伤毙官兵数十人。起义军也遭受重大损失。

余翠坪在突围时被捕遇难。余栋臣拼死突出重围，远走他乡。

在清军和地方民团的联合绞杀下，大足第一次反洋教起义被淹没在血泊之中。但是，只要外国教会势力一天不停止其在华侵略、渗透行径，中国人民反帝爱国的斗争也就不会归于沉寂。仅在六年之后，由余栋臣领导的更大规模的反洋教起义再次在大足爆发。

❷　长江流域的反洋教风暴

1891 年 4～9 月间，在大足起义军转战驰骋的同时，长江中下游地区也掀起了反洋教斗争的风暴。斗争的烽火在苏、皖、浙、赣、鄂、湘等省的数十个城镇码头相继燃起，形成继大足起义后反洋教斗争的又一个高潮。

这场风暴是由活跃于长江沿岸的民间秘密会党——哥老会组织和发动的。清朝初期，民间出现了一些以"反清复明"为宗旨的秘密会社。其中，天地会创建于康熙年间（一说乾隆年间），最初主要在福建、粤东和台湾一带活动，稍后发展到广东全省及赣、桂、黔、滇、湘等省，鸦片战争后又传至川、鄂、皖、苏、浙等省，成为中国南方最大的民间秘密会社。哥老会便是在鸦片战争后出现的天地会的一个分支，后来发展成为独立的民间会党组织。

哥老会在长江流域的兴起与该地区政治、经济的急剧变化密切相关。如前所述，随着外国资本的大举入侵和洋货的大量倾销，中国传统的自然经济遭到严重破坏，破产的农民和小手工业者被大批抛向社会，成为没有固定职业的江湖游民。富饶的长江流域是列强经济掠夺的重点地区，截至1890年，东起上海、西至重庆的长江沿岸共辟有八个商埠，另有大通、安庆等六个寄航港，故而游民无产者的队伍尤为庞大。互救互助、相依生存的宗旨吸引了大批的江湖游民纷纷加入，使得哥老会在长江流域迅速崛起。沿江的散兵游勇和私贩盐枭是哥老会的另一重要组成部分。清政府在扑灭太平军和捻军起义后，大批裁撤营伍勇丁。这些久历戎阵无以营生的兵勇，也大量流向秘密会党。到光绪初年，沿江各省的哥老会"半系军营遣撤弁勇"。至于长江一带的私贩盐枭，原先主要是运河沿线从事漕粮运输的水手和纤夫。太平军攻克南京后，清政府将漕运改由海道北上，1872年时又全部改用海轮，漕河运丁顿失饭碗。此外，由于外国轮船侵入长江航线，从事旧式航运业的船户纷纷破产，也导致大批水手生活无着。为了谋生，他们被迫结党成群，贩运私盐，加入会党。这些无以谋生、被抛至社会底层的人们，对现状强烈不满，对外国的经济侵略更有切肤之痛，所以仇外情绪十分炽烈，将洋人盘踞的一切机构，诸如教会、领事馆、海关，均列为攻击目标。由于教会侵略势力无孔不入，教士和教会建筑随处可见，故而成为哥老会打击的首要对象。

长江流域的反洋教风暴首先在江苏扬州揭开序幕。1891年初，哥老会成员在扬州散发揭帖，约期拆毁教堂。地方官出示禁止，但告示刚刚贴出，就被人撕破，另粘纸条于上云："官府受贿，保护洋人"。4月，扬城五六千人将教堂团团围住，而后冲破后门，打毁了围墙。官府火速调兵前往弹压，人群方陆续散去。

接着，江苏丹阳、无锡、金匮（后并入无锡）、阳湖（后并入武进）、江阴、如皋六县又相继发生打教事件，内以丹阳、无锡两地的教案影响较大，起因均与天主堂虐杀婴儿的传谣有关。5月下旬，丹阳民众在教堂坟地发现婴孩尸骨，一时观者如堵。6月1日下午，群众围困教堂，官府派兵镇压，被群众打伤数人，只得作壁上观。结果，教堂、育婴堂、学校、教士住宅等均被付之一炬。6月8日，无锡民众因对教会生疑，强行冲入北门外三里桥天主堂内查勘，结果在坟地发现婴儿尸体200余具，遂将教堂和育婴堂"纵火烧毁，净尽无遗"。后来，六县计赔银116300两，六县知县分受摘顶、甄别参革、记过处罚，21名打教群众受到充军、枷杖等惩处。

其间，两江总督府所在地的南京也发生了打教事件，英国教会学堂"霎时间付诸一炬，其他各教堂亦有滋扰"。在浙江，杭州"谣言纷纷"，揭帖四出；海门民众"纵火焚烧教士住宅"。在上海，徐家汇和租界一带出现了倡议打教的匿名揭帖。在江西，九江吴城镇民众"焚毁天主、耶稣各教堂"；大姑塘镇也有"滋扰"之事，"官吏督兵弹压，不料兵士反戈相向，与官为难"。在安徽，安庆的天主教堂和育婴堂遭到民众围攻；和州民众围住教会学堂，"群呼非烧即杀，霎时间愈聚愈多"，毁去平房一间。芜湖民众则掀起了下游地区规模最大的一次打教风潮。

同年 5 月 10 日，芜湖鹤儿山天主堂中的两名中国籍修女出外探视病人，带走了两名家中闹传染病的幼童，归途中与幼童的某位亲戚相遇。对方坚决要求将小孩抱回，修女不依，双方争执不下，引来了众多的围观者。人们指斥修女迷拐幼孩挖眼制药，当即将其拘送保甲局，后又转送县署。法国神父戴卜利克斯前去交涉，修女即被开释。于是民众哗然，认为知县王焕熙受了洋人贿赂。12 日下午，一民妇到教堂哀号，要求领还小孩。一时堂前涌动的人群多达 5000 人，均手执一小旗。知县亲监现场弹压，并拘捕一人，仍未能控制局面。英领事请芜湖关道台成章派兵镇压。官兵未见踪影，群众已抛掷砖石，毁门冲入。三名洋教士从后院的围墙打洞逃出，在一片辱骂声中奔上江边的趸船。顷刻间，教堂、育婴堂及教士住宅相继被焚毁。黄氏时分，群众又拥入英国领事馆，英领事仓皇出逃。道台成章率兵赶到，领事馆才得以保全。接着，群众又转攻芜湖海关及职员住宅（均系租自教堂）。海关洋人持枪抵抗，同时安徽巡抚沈秉成又开炮威吓，人群乃散。

在这场打教风潮中，民众不仅焚教堂、逐教士，还试图打毁领事馆和洋人盘踞的海关。列强对此十分敏感。德、英、美、法、日、意、比、俄、西班牙九国公使在案发后联衔抗议，教案遂即议结：王光金、傅有顺以"匪党"罪名斩决，其他"从犯"分别监禁枷责；芜湖关道台成章和芜湖知县王焕熙疏于防范，一并撤任；赔银123684两；送给法国教会八角亭鹤儿高地一块（后因芜湖民众抵制而作罢）。

反洋教风暴很快又从长江下游席卷到中游地区。6月和9月间，湖北武穴、宜昌相继发生教案。

武穴镇隶属广济县，位于长江北岸，有鄂东门户之称，《烟台条约》签订后被辟为寄航港，是列强在内河的重要基地之一。该镇仅有英国福音堂，并无法国教会附设的育婴堂，但沿江一带谣言，仍使民人风声鹤唳。6月5日傍晚，广济县天主教徒欧阳理然用箩筐肩挑四名幼童（上覆柴草遮掩）途经武穴，拟送往九江天主堂收养。在江岸海关码头候船渡江时，幼童啼哭声惊动了附近群众。人们要求入铁栅查看究竟，被海关英国检查员柯林拦住。郭六寿、戴鲶鱼等人遂破门而入，在筐内发现了幼童。一时群情激愤。柯林见势不妙，赶紧逃到福音堂内躲避。郭、戴等便率千余人围攻教堂。当时，包姓、白姓两名英国教士已先期外出，其眷属（妇女三人、小孩四人）慌忙从教堂后门溜出，途中被殴。她们往投马口司巡检署请求庇护，巡检陈培周不纳，后由武黄同知顾允昌留宿署中一夜。柯林和金姓英国教士试图趁乱逃出，结果被众人围住痛殴至死。群众又向教堂投掷石块，恰好破窗击中了煤油灯，引起大火，教堂被焚。

武穴教案是湖北的第一起重大教案。事发后，英国驻汉口领事要求中方惩凶，美国停泊在九江的战舰也驶抵武穴示威。湖广总督张之洞一边派兵前往弹压，一边饬令广济知县彭广心缉拿"凶犯"。结果,郭、戴二人被斩首示众;胡东儿充军;胡视生、吕二弟、许逢春各杖一百流三千里,臂膊上刺"抢夺"二字;田福尔杖一百流三千里;陈连升杖一百徒三年,面部刺"抢夺"二字;干老五、范四妹各杖八十。马口司巡抚陈培周因不肯收留教士眷属,被撤职;中方支付柯林和金教士抚恤费各银 2 万两,另赔修教堂和赔偿损失计银 25000 两。对于张之洞所作的上述处置,民众十分愤慨。未几,武昌城内便出现了匿名揭帖,斥责"张之洞坐湖北,胡涂乱干;为什么把洋人,当作祖先"。

仅仅三个月后,宜昌教案又告发生。9 月 1 日,奸民吴有明抱来游姓幼童一名,送给宜昌城外的法国天主教圣母堂,获酬金二千串钱。次日晨,幼童家长及亲属五人来到教堂,声明小孩系被人拐骗至此,要求领回。此时围观者渐众,有数人还跑到衙门举报。府、县闻讯后便携带兵役到圣母堂检查,结果发现数十名幼童。当群众聚观时,相邻的美国圣公会传教士索尔比竟向人群开枪,击伤一人。愤怒的群众遂将圣公会教堂和圣母堂纵火焚毁,殴伤巴姓教士及七名修女(分别来自法、德、英三国)。接着,又焚毁相隔半里的河街天主堂,并英国教士和英侨住宅五六处。建筑中的英国领事馆也遭毁损,砖木被搬抢一空。

案发后,九国公使联衔向总署交涉。英、法战舰上驶宜昌,中途搁浅折回后,又将商船改装成战舰驶往宜昌。停泊汉口的英、德、俄、意四国战舰约定于

11月2日晚举行联合军事演习（后经张之洞劝阻而取消，改为陆地演习）。张之洞因此案牵涉多国，唯恐大局决裂，主张从速办结，并悬赏缉拿"凶犯"。结果，朱发金、赵宗雅等12人分别被判充军、流放和笞杖；赔偿法国银10万两，英国银6万余两，美国银8000两。

这场风暴前后持续了约六个月，几乎席卷长江中下游地区各城镇码头，使得西方列强和清政府疲于应付。美国公使田贝在致美国国务院的报告中说："几乎在长江各通商口岸都有骚乱发生，重庆、镇江、扬州、汉口及芜湖都受到它的祸害。"他不禁哀叹道："所有外国在华可以出动的炮舰都出动完了。""没有一个城市是安全的，上海也包括在内。"清政府对哥老会卷入反洋教斗争尤感恐慌。总理衙门在奏各省教案迭出请饬各省督抚迅速筹办折中云："推原其故，盖由各省游勇会匪所在多有，其张贴告白，无非欲借此摇惑人心，乘机生事。"清廷谕旨则云："各省哥老会匪最为地方之害，此等匪徒行踪诡秘，与游勇地痞暗相勾结，动辄纠党煽乱，甚至造谣惑众，潜谋不轨。"

说哥老会把"反洋"与"反清"相结合，"潜谋不轨"也确属事实。当打教风暴席卷长江流域之时，哥老会揭竿起义的计划正在紧锣密鼓地进行。起义领导人李洪（原名李显谋）被奉为大元帅，下有首要头目数十名，已发动的哥老会成员有6万余人。起义队伍分布在从汉口直到十二圩的沿江十多个口岸，均已预备好船只，只等军火到齐，便同时竖旗起事。负责购置军火的是镇江海关帮办英人美生。美生见哥老会在长江一带势力很大，便打算利用哥老会推翻清室自称皇帝。抱着这一野心，美生加入了哥老会，并于是年夏天到香港秘密购买了35箱军火。孰料这批军火在运到上海时被海关查获，美生被捕后供认不讳，起义计划因之败露，李洪等主要领导人被捕。

哥老会在长江流域酝酿已久的起义计划虽然中途流产，但时隔不久，一场依旧由民间秘密会社领导的反洋教大起义却在北方的热河地区爆发了。

热河反洋教起义

1835年，法国遣使会神甫孟振生潜赴察哈尔盟西湾子村（今属河北省崇礼县）传教，就此揭开19世纪西方教会在中国蒙古地区传教活动的序幕。1840年，罗马教皇将蒙古正式划为一个新教区，由孟振生出任代牧，西湾子堂也就成为该教区的总堂。1883年，教皇又将蒙古教区划分为东蒙古、中蒙古和西南蒙古三大教区，热河省朝阳一带（今属辽宁）属"东蒙古"。到1890年，热河地区已有传教士近30名，教徒万余人，教堂及会所150余所，教会学堂和育婴堂近百座。和其他地方的情形一样，教士在热河包揽词讼，庇护教民；教民则"恃洋人为护符，所作所为率多横恣"，因而"人心积怨"。此外，教会还肆意盘剥农民，发放各种名目的高利贷，其中放粮利息竟高达春借一斗秋还五斗。

在教会散播灾难的同时，热河地区蒙古王公、清朝官吏敲骨吸髓的压榨也到了令人发指的地步。清朝的北方不设边防，以蒙古部落为屏障。为了笼络蒙古王公，清廷便将热河一带的土地山林封给他们作为采邑。汉人若想种地，只有向蒙古王公和喇嘛寺院租佃，而后者则乘机"勒增汉民租价，侵夺人家生产"，再加上他们的"属下人等倚势侵扰，强霸取财"，使得汉人"无人不怨"。更有甚者，蒙古王公还禁止汉人进山采樵，如有犯者便施以"十无一生"的酷刑。至于清朝官吏，"各任热河都统，多以卖官为生活，于是各县官贪婪尤甚"。承德府知府启绍就以贪婪著称，"横索所属州县，赃款盈千累万"。1891年，热河在春旱之后又遇夏涝，"淫雨为灾，田亩颗粒无收"，启绍竟怂恿热河都统德福讳匿不报，搜刮如常，搞得民不聊生，怨声载道。

正是在此背景下，金丹道教、在理教领导并发动了热河起义。

金丹道教是从白莲教中派生出来的。白莲教始于南宋，渊源于佛教的净土宗，经过历代流传和发展，到清朝时已有百余种支派，主要流传于北方诸省，金丹道教即其一。该教总教首杨悦春系热河建昌县（今辽宁凌源）敖汉旗杨家弯子村人，平时以行医为名，四处传教，劝人吃斋行善，在平泉、建昌、赤峰、朝阳四州县教徒甚众。在理教也是白莲教的一个分支，创始于清朝初年，光绪年间自京、津一带传到热河地区，群众基础十分雄厚。该教表面上劝人行善、忌烟酒，暗地里却信奉"一心保大明"这五字真言。

在封建社会，百姓拜会结盟往往被官府视作"谋叛"之举。因此，清朝官吏、蒙古王公竭力压制金丹道教和在理教，而天主教会则积极充当帮凶。有一次，建昌县三十家子教堂的两名法国神父从天津秘密运来毛瑟快枪，准备卖给蒙古王公和喇嘛庙对付金丹道教。金丹道教徒获悉后，"夜间聚众十余人，越墙而入天主堂抢快枪，不料内中有备，去者均被打死"，接着又有三四人"被捉去未见出来"。教堂还借此事件，"任意指控某为金丹道匪，致被官府捉去多人"。1891 年 4月，该地教民又向各店铺强行"借粮"，并枪杀前往教堂说理的在理教首领徐荣，还抢劫了另一首领林玉山的杂货铺。

杨悦春见"人心已得，以为机不可失"，便酝酿发动起义。11 月初，敖汉旗贝子府闻讯，便调集蒙兵千余人，准备血洗杨家弯子。杨悦春、李国珍立即召集各地首领商议，准备先发制人。约 2000 名金丹道教徒云集杨家弯子，按青、黄、赤、白、黑 5 色旗分成 5队。

11 月 10 日，起义军一举攻克距杨家弯子 30 里的贝子府，将它改作开国府。杨悦春被推为"开国府总大教师"，李国珍为"扫北武圣人"，其余首领各为王、侯、军师、元帅、副帅、先锋等。起义军还掘毁贝子府坟墓，接管蒙古王公的图章印信，并布告安民，颁布"十三条戒律"，提出了"断清祚于斯时，拯黎庶于水火"的口号，就此揭开了热河东部大起义的序幕。

各地民众纷起响应，起义队伍迅速壮大，"旬月之间，由数千聚至数万"。

攻克贝子府后，起义军兵分四路攻城略地。东路军五千人攻至土默特旗、鄂尔土板一带；南路军六七千人于 11 月 13 日攻克朝阳，在理教首领郭万淳（一作郭万昌）率众数千响应。20 日，大军自朝阳转战到东土默特旗的红帽屯，占领了该旗属境的 2/3，一直攻到邻近奉天省（今辽宁）的朝北营子，并向北挺进到鄂尔土板一带；西路军联合了部分"马贼"，在平泉州榆树林子全歼前来进剿的清军，击毙州判于甫筠，又在毛家窝铺重创清军；北路军七八千人由李国珍统领，沿途迭与扎萨克王旗和海林王旗的蒙古兵交战，11 月 16 日攻入奈曼旗，占据扎萨克衙门。12 月 10 日攻克翁牛特旗治所乌丹城，并迅速扩充马、步兵四五千人。接着，李国珍亲率三千余精兵纵横赤峰一带。

建昌方面，金丹道教首领傅连信、佟杰于 11 月中间在松岭子镇率众起义，竖起了"平清王傅"五色大旗。18 日，在林玉山所部在理教徒的配合下，一举攻毁三十家子天主堂。次日，佟、林率部攻入平泉州州城，焚毁教堂数处，计房屋 68 间。28 日，起义军万余人直取建昌城。

在不到一个月的时间内，起义大军横扫热河东部的和泉、建昌、赤峰、朝阳四州县，摧毁了清政府在这一地区的统治，严惩了教会势力。"仇杀天主教，仇杀蒙古王公，仇杀贪官"成为热河起义的总战斗口号。在热河起义的影响下，直隶开平（今河北独石口）、滦州（今滦县）、迁安、永平（今卢龙）和奉天锦州等地的民众纷纷驱逐教士或抗击官府。

清廷于 11 月下旬调集人马，分两路进剿起义军。一路由统领左宝贵率 2 万奉省官军，从东向西攻击前进；一路归李鸿章节制，由提督叶志超率直隶官军，由南向北攻剿，同时命热河官军协同行动。教会也参与镇压起义，"给予地理一纸"，以便清军掌握起义军的活动地点。

11 月下旬，奉省官军在朝阳东部的桃花吐、老崖沟、大庙等地大败起义军，捕杀了在理教首领郭万淳，旋又镇压了东、西两路起义军，于 12 月下旬在敖汉贝子府与直隶官军会合。

直隶官军兵分两路。平泉一路攻剿喀拉沁王旗，先后镇压了西、北两路起义军。李国珍在转移途中受伤被俘，后被"押赴通衢，凌迟枭示"。建昌一路由芦台练军记名提督聂士成统领，先后攻取了三十家子、高尔登、瓦房店。此时，各路起义军已先后失败，残部纷纷投往起义军的最后堡垒——开国府和下长皋。聂士成"冒险出奇"，亲自督饬马、步兵"合力仰攻"，夜袭开国府。结果，开国府被攻陷，近千名起义军全部战死。清军又扑向下长皋。此时，下长皋已"被围八九日，人众食少，粮食缺乏"，加上因开国府失守而孤立无援，局势十分险恶，但起义军抱定血战到底的信念，"仍自凭墙死守，大炮、鸟枪向外齐施，子如雨落"。清军凭借人数和兵器上的优势，用过山炮轰坍了前门，蜂拥而入，终于占领下长皋。是役，起义军计战死 2000 余人。12 月底，杨悦春不幸被俘，遭凌迟之刑。至此，热河大起义终告失败。

热河大起义形成了 90 年代初期继四川大足、长江流域之后反洋教斗争的第三个高潮，沉重打击了教会侵略势力。法国天主教北京教区主教樊国梁在《燕京开教略》一书中诅咒道：1891 年，"塞外承德府有匪徒揭竿作乱，十分猖獗，京师为之震动……数日内，教民附近村落俱被抢劫一空，且有全行歼灭者"。此外，起义大军还给蒙古王公和清朝官吏以致命的打击。起义被镇压后，在很长一段时期内，清政府仍然心有余悸，感到"余孽不清，隐患不已"。

4 成都教案

近代史上教案发生次数之多和规模之大，若按省份而论，以四川省为最。1895 年，即在大足爆发反洋教起义的五年后，成都又发生了教案。

四川因其在西南地区所处的重要地位，一直是外国教士进行渗透和扩张的重点省份。到 90 年代初重庆开埠时，计有法、英、美、德等 7 个国家的教会在川省设立了传教据点，教士总数达 175 人，办有医院、药房等慈善机构 13 个，"自省会以迄县治，教堂几遍。"随着教会势力在四川的迅速膨胀，民教矛盾愈益激化。巴蜀民众对教会的种种恶行愤恨不已，对传教士借口传教"觊觎边荒"的诡秘举动更是忧心忡忡。

中日甲午战争（1894～1895）的爆发及其最终结

局，使四川人民对于日益紧迫的民族危机有了更为深切的感受。1895 年 5 月间，中日《马关条约》（同年 4 月 17 日签订）墨迹未干，成都城内就已出现揭帖，略谓日寇侵占我国土，英、法、美诸国竟然袖手旁观，今后除非他们实施援助，否则将不准其在华传教。同时，成都还纷传某家有牛忽作人语，说后年外人将攻占四川，等等。一时间，民间的仇外情绪呈一触即发之势。

5 月 28 日，成都又出现声讨洋教士拐杀幼童榨取油脂之"暴行"的告白，教会顿成众矢之的。是日恰好是阴历五月初五，按照端午节掷果（梅）的传统习俗，成都民众聚集在邻近加拿大英美会的东校场掷果。喧闹间，一幼童在掷果时不慎误中教士，当即被捉入教堂，前去交涉的 3 名民众代表亦被拘禁，遂激起众怒。当晚 7 时左右，民众开始向英美会教堂投掷石块，后于夜间将教堂、教士住宅和教会医院焚毁。29 日，美国美以美会、英国内地会、法国巴黎外方会的教堂又先后被焚，天主教主教杜杭受伤。民众在攻毁教堂后，又在天主堂坟地和其他野塚中挖掘尸骨，或钉在被毁的建筑物上，或堆放在县衙门前，作为教会荼毒生灵的罪证，供官吏查看。英、美教士及其眷属 29 人，法国教士 2 人，均避居在华阳县署内。6 月 9 日，又纷纷逃往上海等地。

在成都打教风潮的影响下，乐山、屏山、宜宾、雅安、灌县、阆中、大邑、泸州、冕宁、新津等地又相继发生打教事件。旬月之间，川省计有 70 所教堂被毁（天主教 40 所，新教 30 所）。新教各差会的教士大半避往他省，天主教教士也有 4 人暂栖云南。

教案发生后，驻京各国公使故伎重演，再次联衔抗议。美国公使田贝在致美国国务院的报告中赤裸裸地表示："单是要求赔偿和杀戮一些下流社会的匪棍，对整个中国人民来说，还不够产生恐吓的效果。"英国政府则恫吓说："中国如不即予刘督（指川督刘秉璋）相当之罪，明即发派兵船到华海口报复。"为了逼迫清政府就范，法使施阿兰调两艘巡洋舰及多艘炮舰驶抵南京，英舰三四艘、美舰两艘则一直溯江行驶到宜昌（宜昌以西江面无法航行）。教案遂告议结如下：四川总督刘秉璋革职，永不叙用；办理保甲局候补道周镇琼、成都知府唐成烈、华阳兼署成都候补知县黄道荣、城守营游击向慈、乐山县知县洪祖年、乐山县汛千总黄承烈均交刑部议处；灌县知县范万选、大邑知县沈炘、冕宁县知县任富良、新津县知县粟秉均参撤；朱瑞亭等 6 名"首犯"被处死，其余 17 名"从犯"充军、流放、枷杖不一；赔偿法、英、美等国教会损失计银 101 万余两。

与以往和同时期的教案相比，成都教案在处理上十分严厉。以往的教案在议结时基本上采用一命抵一命的方式，而此次教案尽管并未殴毙教士，打教群众却被处了 6 人，另有 17 人被判处刑罚。赔款金额也达到了空前的数字，几乎是 1890 年大足教案前四川历次教案赔款总额的两倍。除杀戮和赔款外，川省官员因保教不力而受到处罚的竟多达 11 人，包括四川总督这样的封疆大吏在内。列强之所以坚决要求惩办各级官员，主要是为了达到"恐吓"的效果，以逼迫各地方官嗣后不遗余力地镇压民间的反洋教运动，使其变成自己驯服的工具。成都教案处置的结果表明，在中日甲午战争以后，中国社会半殖民地化的程度已进一步加深。

另一方面，在觊觎中国西南边疆和扩张在华教会势力方面，英、法、美等国本存在着尖锐的矛盾，相互间一直在四川进行着激烈的角逐。但在教案发生后，却采取一致行动，共同对华。这说明在镇压中国人民的反侵略斗争方面，列强的利益是完全一致的。

古田教案

成都教案刚刚平息，福建古田又发生反洋教暴动。

古田反洋教暴动是由当地的民间秘密会社斋教领导的。斋教是罗教的别名，属于白莲教的一个分支，崇奉弥勒佛，持斋诵经，主要流传于闽、浙、赣一带。最初的基本成员主要是漕运水手，也有不少是各地流民。古田斋教的首领刘祥兴原本江西贵溪人，以钉秤补碗为生，客居古田。另一首领柳久速（绰号"半天七"）系福建闽清人，后流落古田。刘祥兴等为发展信徒，常到各地聚众诵经，名曰"圆关"。由于势力不断壮大，其活动屡遭官府查禁与镇压。1895年初，数名斋教成员到古田县城五保后珂街"圆关"，被知县汪育晹以"聚众滋事"的罪名拘捕，严刑拷打后关入牢狱。

斋教徒闻讯后冲入县衙，"势甚汹汹"。汪本性庸懦，加上驻防军衰弱不堪，只好请乡绅出面调停，用彩舆将被捕者送出。此后，斋教在古田声势益盛，信徒多达3000余人。

同年4月，刘祥兴以抗税相号召，发出"官逼民反"的匿名布告，准备攻打县城。官府赶紧用木板和石块封塞城门，仅靠竹梯出入。境内的英国教士也纷纷避居城内。英国驻福州领事一面要求闽浙总督边宝泉派兵镇压，一面将传教士接到福州暂避。入夏后，局势渐趋平缓，传教士们又相继返回古田，来到城南10余英里外的花山教会休养院避暑。

其时，正值《马关条约》签订不久，台湾依约割让给日本，台湾民众纷起抗击。唇亡齿寒，仇外情绪在与台湾隔海相望的福建民间迅速蔓延，古田斋教便将斗争的锋芒转向了这群来到乡间逍遥自在的洋人。

8月1日晨7时，300余名斋教徒持械包围了花山休养院。领队者手持一面赤旗，上写"龙爷将要征服外国人的上帝"。众人焚毁了教堂及教士住宅，杀死英国传教士史荤伯及其眷属、保姆计11人（除英人外，余为英属澳大利亚和爱尔兰人），伤5人（内有一人系美籍女教士）。

教案发生后，英舰随即驶抵福建海面相威胁。英、美驻福州领事则与闽浙总督边宝泉进行强硬交涉。于是，斋教暴动很快就被清政府镇压下去，200余名教徒被捕。在英、美领事的观审下，刘祥兴等26人被处死，古田知县王汝霖也因保教不力而被撤职。

古田反洋教暴动带有浓厚的笼统排外色彩。事发后，福州曾出现一揭帖，内云："杀尽这一起，着学古田案"，从侧面说明了这一点。从反对洋教到反对一切外国人，由灭教到灭洋，已成为在民族危机空前严重的背景下，民间反洋教运动的一种新动向。它是盲目排外的，但又将教会的渗透、扩张同列强的侵略本质直接联系了起来。应该说，也是一种认识上的深化。

六 义和团运动与反洋教怒潮

19 世纪末，各帝国主义国家对华的经济侵略已从商品输出过渡到资本输出。1895～1899 年间，列强对华的外债投资和企业投资合计达白银 5 亿两以上，比甲午战争前增加了 10 倍左右。通过这类投资，列强在华攫取了更多的政治、经济特权，加强了对华控制。为了维护既得利益和独占市场，列强在华掀起了划分势力范围的狂潮，使得中国面临被瓜分的严重危机。在此民族存亡的紧要关头，中国人民掀起了新的爱国救亡运动。在上层是 1898 年由资产阶级改良派发起的戊戌维新变法，在下层则是 1900 年以农民为主体的义和团反帝爱国运动。

义和团运动是几十年来连绵不断的民间反洋教斗争的继续和扩大。据统计，在义和团运动爆发前夕，外国传教士在华人数约有 3000 人，教区 40 余个，教徒达 85 万人。随着教会势力的日益膨胀和活动的日益猖獗，民间反洋教斗争的规模也越来越大。其中 1897～1898 年间爆发的巨野教案、大足教案、冠县教案对义和团运动的兴起起了巨大的推动作用，不久义和团运动便率先在民族矛盾特别尖锐的山东爆发，并迅速蔓延全省，席卷华北，波及全国，形成一股汹涌澎湃的反帝爱国洪流。其初期的锋芒主要指向教会，而且斗争较之以往更为激烈、更为广泛。在义和团运动高涨时期，反洋教斗争在北方高潮迭起，各地纷纷攻打教堂，惩处教士和不法教民；南方诸省也闻风响应，掀起了一场迅猛异常的反洋教风暴。一时间，反洋教斗争的烽火燃遍全国。就此意义而言，义和团运动是一场规模空前的大教案，是近代反洋教斗争的最高潮。

当然，义和团运动的范围和意义已远远超出反洋教斗争。从运动一开始，它就把反洋教与反对列强的侵略、瓜分联系在一起，从而将斗争矛头直指帝国主义。尤其在列强派遣侵略军来华镇压后，义和团的反洋教斗争迅速转变为一场抵御帝国主义军事侵略的民族正义斗争。另一方面，当义和团运动处于高潮阶段时，清朝的一些王公大臣或愤于外来压迫，或慑于义和团的声势，对民间打教风潮持默许或怂恿的态度，而民间秘密会社也感到有争取官方支持反洋教斗争的必要。义和团"顺清灭洋"、"扶清灭洋"等口号正是在此情形下提出来的，说明帝国主义与中华民族之间的矛盾已成为当时中国社会的最主要的矛盾。因此，与90年代初大足、热河、长江中下游地区的斗争相比，此时反洋教斗争中的反清色彩已大大淡化，基本上属于反帝爱国的民族斗争范畴。

揭开义和团运动序幕的三大教案

山东是义和团运动的发源地。在义和团运动前夜，全国爆发了三起重大教案，有两起就发生在山东。

当时在山东境内活动的教会主要隶属于法、德、英、美四国。早在 1839 年，罗马教皇就将山东划为一个单独的主教区，由方济各会负责教务。第二次鸦片战争后，法国充当了所有在华天主教会及所有国籍的天主教士的保护人，已见前述。后来，法国对保教权的垄断地位受到德国天主教修会圣言会的挑战。圣言会成立于 1875 年，1879 年即派遣传教士来山东。1890 年，德国政府从法国手中夺得了对圣言会的保护权，由德国驻华公使直接操纵。法国被迫将兖州府、沂州府、曹州府和济宁州划为圣言会的传教范围，称作山东南境教区。新教各差会在山东的活动始于 60 年代，到 90 年代，计有 12 个差会在山东传教，主要隶属于英、美两国，其传教区域与天主教教区互相交错。相形之下，天主教在山东的基础较为雄厚。到 19 世纪末，天主教势力已渗透到山东全境，尤其集中在南境、北境地区，其具体分布是：东境，洋教士 12 人，华教士 2 人，教徒 1.1 万人，住堂 4，公所 138；北境，洋教士 13 人，华教士 15 人，教徒 1.8 万人，住堂 7，公所 417，公堂 216；南境，洋教士 31 人，华教士 11 人，教徒 1.6 万人，住堂 9，公所 21，大堂 5，小堂 72，分堂 270。南、北两个教区，平均每乡就有一个教堂或公所。其中德国圣言会积极配合本国政府的侵略阴谋，在鲁西南一带的活动异常猖獗。圣言会主教安治泰一面大批招徕德籍教士来山东，使得"红发蓝目来往于兖沂者络绎于途"，一面大肆网罗当地地痞恶棍入教，以扩张势力。1893年，通过德国使馆的活动，安治泰被清廷赏予三品顶戴，旋又晋封为二品顶戴，品位与督抚相同。从此，安治泰更加颐指气使，平素连总理衙门的办事大臣也不放在眼里，并随意出入各地衙署，动辄状告不太顺从的地方官，其中一次就指控济宁、兖州、郓城、寿张、曹县、阳谷等地官员多人。

另一方面，在19世纪末叶，山东的社会经济发生了巨大变动。由于洋纱、洋布潮水般地涌入，使山东农村主要经济支柱——家庭手工纺织业一蹶不振，大批农民被剥夺了生计，生活急剧恶化。例如，陵县原本盛产白粗布，"迄机器纺纱（俗呼'洋布'）输入内地，白粗布销路顿形滞涩，渐至断绝。全县手工业无形破产，农民生活影响甚巨"。

与此同时，天灾也伴随着人祸一同压向困厄中的山东人民。1898年8月，黄河在历城南岸杨史道口决口，近30个州县受灾，平地水深四五尺至丈余不等，"即地势稍高之地，禾稼皆漂没一空，庐舍亦坍塌殆尽。其民有淹毙者，有疫毙者，有饿毙者，有陷入淤泥而毙者"。水灾过后，次年又遇旱灾和虫害，"登、莱、沂、青四府春间亢旱，三麦欠（歉）收。七月间，虫食禾稼净尽，粮价昂贵"，各地"饿殍枕藉，饿毙在途"。

在洋教、洋货和天灾的交织逼迫下，大刀会、义和拳等民间秘密会社迅速发展壮大。

大刀会俗称"金钟罩"，属白莲教支派，1894 年兴起于鲁、苏、皖、豫四省交界地，传播者赵天吉系白莲教徒，直隶河间府人。大刀会宣传入会可避枪炮，保身家，"以诛锄西教为本旨"，迎合了甲午战后民众的心理。在刘士端、曹得礼等人的领导下，鲁西南曹、单等县大刀会的发展尤为迅速，乡民纷纷设场传习，几乎无处不有。

1896 年 6 月，江苏砀山县（今属安徽）教民抢割当地大刀会首庞三杰田里的麦子。庞便向山东曹、单等县大刀会求援。刘士端即派彭桂林率会众千余至砀山，焚毁刘堤头教堂。铜山、丰县、萧县及山东单县等地大刀会纷起响应，聚众数万人，烧教堂、打教民，向教会势力发起了大规模的进攻。清政府急调山东和江苏驻军进行镇压，大刀会众被杀数百人。7 月，刘士端、曹得礼也遭诱杀。

与此同时，德国圣言会加紧了对鲁南地区的渗透，试图在兖州府城建立传教中心。兖州与孔府所在地曲阜相邻，为了将传教士扼于城外，自 1886 年开始，兖州绅士进行了长达 10 年的顽强抵制。安治泰主教志在必得，频频向清政府施压。1896 年 9 月 8 日，安治泰如愿以偿地迁入了兖州的永久住所。

就在安治泰为传教事务在孔孟的家乡取得突破性进展而洋洋得意之时，因遭官府查禁而转入地下的大刀会并未停止斗争。仅仅一年后，曹州府巨野县又发生了教案。

德国传教士在巨野一向胡作非为，诸如包揽词讼，盘剥农民，强奸民女，几乎无所不为。仅磨盘张庄教堂薛田资神甫所强奸的妇女就达十余人。教民则倚仗洋人势力横行乡里。城西一无赖因偷砖而被窑主责打，他加入天主教后，竟反咬窑主偷教堂的砖，对其大肆勒索。教会势力已成了巨野的一大祸害。

1897年11月1日下午，在阳谷、郓城一带传教的德国神甫能方济和韩理来到巨野县磨盘张庄教堂，参加天主教的"诸圣瞻礼"（是日系天主教纪念"诸圣"的例会）。薛田资神甫便将自己的寝室让与韩、能两人。当晚11时左右，大刀会员二三十人持械潜入教堂。韩、能两教士从睡梦中惊醒，开枪击伤两名大刀会员，结果被众人用刀砍死。薛田资因宿在门房而幸免于难。

巨野教案使德国找到借口，实施蓄谋已久的侵华计划。自1895年起，德国曾数次向清政府提出租借东南沿海的港湾，被清廷以"恐他国援例效尤"为由拒绝。德国非常懊恼，但又不便贸然动用武力。当时的首相亨诺曾对德皇威廉二世说："一二年后教案问题可以给予德国进行之借口。"巨野教案发生后，身在荷兰的安治泰主教立即返回柏林，要求德国外交部乘机夺取胶州湾，说它对德国"各方面是最好的、最能发展的据点"。他还面谒德皇，强调胶州湾有比上海更大的发展前景，极力煽动德皇动武。

在德皇的训令下，德国水师提督迪德里希斯率领了3艘战舰驶抵胶州湾。11月14日晨8时，德军600

人强行登陆。当地驻军章高元部奉命不予抵抗，节节退让。德军兵不血刃占领了胶澳（今青岛）。1898年3月6日，德驻华公使海靖与总理衙门大臣李鸿章在北京签订《胶澳租界条约》，规定胶州湾租与德国，为期99年；允许德国在山东修筑铁路两条，并享有铁路沿线30里内地区的开矿权，等等。该条约使山东成为德国的势力范围。在此之前，清政府已被迫同意将山东巡抚李秉衡革职；赔偿巨野张庄教堂损失银3000两；由中方在济宁、曹州府城及巨野各建天主堂1所，另在巨野、菏泽、郓城、单县、成武、曹县、鱼台7地各建教士住宅1所；降谕保护德国传教士；"凶犯"惠二哑巴、雷协身斩首，萧盛业、姜三绿、张允监禁5年。

德国强占胶州湾很快引起连锁反应。不久，俄占旅顺、大连，英占威海卫、北九龙半岛，法占广州湾，列强掀起了瓜分中国的狂潮。

自德军进驻山东后，教会气焰日张，动以"会匪滋事为词，商请派兵镇压"；或因教民"指某人系大刀会匪，教士不察虚实，遽欲怵以兵威"。这更激起了人们仇恨的怒火，"杀洋灭教"成为人们共同的心声。大刀会首领潜布鲁西北及周围各地，继续发展力量，从而为日后义和团运动在山东的兴起奠定了群众基础。

在大刀会活跃于鲁西南的同时，冠县梨园屯的拳会也展开了反洋教斗争。以冠县为中心的鲁西北向称"难治之地"，民风剽悍，各种民间宗教和秘密会社长期存在，人们"私自传习，蔓延颇广"。其中，冠县十八村与直隶威县东境相接,"孤悬境外,隐然独立一小邑"。梨园屯即冠县十八村之一。

梨园屯的民教冲突起因于玉皇庙之争。50 年代初,该村士绅公捐义学坡地,建起玉皇庙,置地 38 亩,该庙分前后两殿,前殿供奉玉皇大帝,后殿供奉太上老君、孔圣人和如来佛。村民因玉皇是"天地三界,十方真宰",故对之顶礼膜拜。该庙后毁于兵燹,无力再建。1869 年,村民提出分配义学公产。当时全村近 300 户,加入天主教者仅 20 多户。结果,教民分得了 3 亩多玉皇庙宅地后,随即转让给法国传教士梁宗明。1873 年,梁以个人名义在宅地上擅建天主堂,引起村民公愤。三街会首阎立业等到县告状,反遭责押。1881 年 2 月 7 日,村民扎彩船庆祝玉皇神会,途经教堂门前时与教民发生口角。方济各会山东主教顾立爵借此生衅,怂恿法国公使出面干涉,逼迫总署行文山东巡抚处理庙堂问题。山东巡抚任道镕派员赴县查处,对两方剀切开导,判定教堂地基"暂行借用,俟该教民等另买地基设立教堂,再议归还"。1887 年,法国教士范若瑟置备砖瓦木料,欲拆修教堂。教民王三歪等还趁机扩充地基。为此,王世昌、刘长安等 6 名乡绅代表村民又到县、府呈控。冠县县令何式箴、东昌知府洪用舟为保住乌纱帽,曲意迎合洋人。结果,王世昌等人不仅败诉,还被革除功名并遭到监禁。村民对此极为愤慨,称之为"六大冤"。村中侠义之士"谓官已不论法,我们就不守法,以武力护庙",遂有阎书勤等 18 人挺身而出,领头反教,号为"十八魁"。十八魁几乎都是贫苦农民，阎书勤还是该村红拳会的首领。自此，十八魁取代乡绅掌握了斗争的领导权，成为梨园屯反洋教斗争的一个重要转折点。由于红拳会众的武力护庙，加上十八村绅耆的出面调停，民教双方最终就庙基问题达成了协议，风波暂告平息。

慑于列强炮舰，清廷于1891年6月13日颁布严禁焚毁教堂、保护教士的上谕，大大助长了教会的气焰。同年9月、12月，法使李梅两次照会总署，提出梨园屯教案尚未议结，要求总署行文山东巡抚遵照上谕派员与传教士商议，妥速完结。总署即咨山东官员迅速结案。

1892年初，梨园屯教民在教士煽动下又向村民寻衅，"扬言必须将控争之人按名拿究，方肯干休"。为了回击，十八魁从临清州请来道士魏合意来庙住持。直隶威县东境沙柳寨一带是梅花拳盛行的拳乡，距梨园屯仅10余里。阎书勤本习红拳，又习梅花拳（清嘉庆年间白莲教系统义和拳的分支），故又从沙柳寨一带请来梅花拳众投入斗争。教民因虑村民拦阻建堂，"遂以梅花队阻止、谋叛为词，向冠县投递信函"。村民不服，前往教堂与之理论。教民施放洋枪，引起械斗。山东大吏唯恐惹恼洋人，遂密饬济东泰武临道道台张上达亲自前往，相机妥办，执行"拿首解从"的方针。张弛抵冠县后，一面先将魏合意拿获，一面传集四乡绅耆，晓以利害，劝令解散。三街会首被迫将庙基交出。法使李梅对此结局表示"甚为欣悦"。

梅花拳并未就此停止斗争，它在甲午战争后再度活跃，并最终发展为义和拳运动。1897年春，梨园屯教民从法国传教士处领银200两，购备砖瓦木料，准备在庙基上建堂。阎书勤等十八魁便往威县沙柳寨，拜当地梅花拳首赵三多为师，请求支援。3月24日，赵三多率领梅花拳徒在梨园屯"亮拳"3天示威，周围12华里内到会者达3000多人。4月27日，阎书勤率众攻打教堂，教民王太清受伤致死，23户教民遭到抢掠。村民还拆毁教堂，重新盖起玉皇庙。这桩持续十余年的民教争讼案终于发展成为暴力冲突。事件发生后，东昌知府洪用舟奉命前往查办。他亲自督率勇役拆毁庙宇，将庙基交还教堂；并打探阎书勤行踪，伺机捕拿；另将冠县知县何式箴撤职，由曹倜接替。

梅花拳的武装斗争既已掀起，便非地方官所能控制，自1898年德军侵占胶州湾后，传言"来有洋兵，梅拳遂又麇集"。山东巡抚张汝梅饬令洪用舟、曹倜查办。洪传召拳首赵三多，晓以利害，令其解散梅花拳。5月30日，即巨野教案议结的两个月后，法国新任公使毕盛照会总署，以梨园屯教案尚未办竣为由，提出4项要求：①限3日内全行拿获阎书勤等18名为首之人，"如该犯逃走，须将家口扣留，产业入官"；②赔偿教堂损失银2万两；③东昌府知府洪用舟撤任；④现任济东泰武临道吉灿升应换"前办教堂"之张上达。清政府被迫接受了法方的要求。于是，冠县广布"眼线"，四出搜捕阎书勤等。此前，梅花拳已于3月间被禁，"各路拳民间或聚会亮拳，遂讳言梅拳"。从此，梅花拳又沿用"义和拳"（义和团的前身）这一旧称。阎书勤迫于官府的追捕，决定联络各村拳众，以义和拳的名义起事。

同年 10 月 24 日夜，阎书勤、姚文起（赵三多的师辈）聚集义和拳众 3000 余人，在邻近梨园屯的蒋家庄马场祭旗起义。拳众皆头帕长靴，手持火铳、长矛。其旗帜系黄色镶以黑边，上标"扶清灭洋"四字。义和拳取拳众"义气和合"之意，甚合拳众的愿望。随后，大刀会等其他拳会也一并汇聚到义和拳的旗下。"扶清灭洋"的口号也几乎为所有的反教组织所接受，成为义和拳运动的基本口号。由于拳众普遍以玉皇大帝为最高保护神，阎书勤等便以玉皇庙被毁事件来激励人们"灭洋"。当时，梨园屯流传的鼓书《鞭花记》中就有这样的词句："天主教，瞎胡闹，一心想拆玉皇庙"；"打个飞脚劈个叉，一脚踏倒十字架"。后来，北京义和团揭帖亦云："上天愠怒，皆因毁了玉皇庙"。义和团运动高潮时期出现的许多揭帖，诸如托名山东老坛所传之"玉皇大帝十大恨"、"玉帝十大愁"、"玉皇敕旨九重天，分遣神兵下人间"等等，均由此而发。这实际上都是把这次起义看做是义和拳运动的起点。

阎书勤、赵三多等人领导的义和拳运动，在大刀会等拳会纷纷参加后，迅速在直鲁交界一带蔓延，"声势大振，风鹤频惊"。清廷惊骇之余，急令直、鲁两省合力剿办，一面由直隶总督饬大名道咨请大名镇率马队前往弹压，一面由两省督饬冠、丘、威三县县令会同大顺广道官员前往冠县十八村，召集三县团总、绅董劝说赵三多解散队伍。赵被说服，向姚文起及拳众们当场叩头，"亦请解散"。姚不从，途经小里固、红桃园（均属十八村）等村庄时，遇教民挑衅，遂又焚毁红桃园和威县第三口等教堂。赵三多闻讯后，又投入拳众行列。11月4日，姚文起在威县候未村被捕。赵率余众转移到临清县城西留善固村，然后解散队伍，在滹沱河以北、运粮河西岸潜伏下来。早期的义和拳运动，至此暂告一段落。

就在由大刀会、梅花拳掀起的反帝洪流席卷山东、蔓延直隶之际，由余栋臣领导的四川大足第二次反洋教起义又告爆发。

1890年首次起义失败后，余栋臣率余部退守西山，潜伏起来。1895年大足县令桂天培调任后，余返回家乡，娶妻置家买田，过着较为安定、优裕的生活。余平时乐善好施，加上曾领头抗官打教，故而在方圆百里之内颇有声望。

余栋臣的存在使重庆、大足、铜梁一带的教士坐卧不安，必欲置之于死地而后快。法国主教杜昂多次胁迫清政府将余捉拿归案。1898年4月中旬，重庆县令王炽昌遣差役与龙水镇安民局团首蒋礼堂勾结，将余栋臣诱捕，械送荣昌县监禁。蒋赞臣、张桂山闻讯后，率领200余人，手持器械，驰赴荣昌劫狱，救出了余栋臣。余栋臣表示："事已至此，当再举，从死中以求生。"于是招募兵卒，铸造武器，准备起事。附近民众纷纷来投，不到10天，便汇集了6000多人。

余栋臣首先没收了龙水镇教堂和教民的粮食，以充军用。多余的粮食按市价的一半抛售，以接济当地贫民。7月1日，余派唐翠屏、张桂山兵分两路，在荣昌河包场拿获法国教士华芳济，将之押到戏台上示众，列数洋人包揽词讼、强买田产、奸污妇女、残杀儿童等罪状，号召以武力驱逐洋人出境。翌日正式传檄起义。

反帝爱国是檄文的主题思想。檄文首先揭露和声讨了帝国主义侵华的种种罪行，痛切地指出中国所面临的被列强瓜分的危机："今洋人海舶通商，耶稣传教，夺小民农桑衣食之计……以洋烟毒中土，以淫巧荡人心。自道光以迄于今，其焰益张，其行强暴。由是煽惑我民心，侮慢我朝廷，把持我官府，占据我都城，奸淫我妇女，巧取我银钱，小儿嗜如苹果，国债重于丘山。焚我清宫，灭我属国，既占上海，又割台湾，胶莱强立埠，国土欲瓜分。自古夷狄之横，未有若今日者！"檄文郑重宣告"爰起义师，誓雪国耻"，"脱目前之水火，逐异域之犬羊"，号召国人"报国捐躯"，"修我矛戟，各怀同泽之忠；取彼凶残，用泄呼天之痛"。这就超出了单纯反洋教斗争的范围，而是将之同反侵略、反瓜分的斗争结合了起来。

接着，檄文指责官府在办理教案时"不察是非，不辨曲直"，"纵海外之虎狼，戮中国之赤子"，对民众打教"目之以盗，临之以兵"；申明起兵的根由是因为官府的迫害，致使"藏身无地，负屈呼天"；郑重宣告"但诛洋人，非叛国家"，旨在"以剪国仇，以维圣教，以除民害，以雪沉冤"，强调"各州府县，官是朝廷之官，兵是朝廷之兵，差是朝廷之役，如能见容，一切不敢犯"，"倘视为仇雠，反戈相向，则兵丁官役皆畏洋人，并非我朝臣子，于国家法在必诛，于义民理难束手"。

蒋赞臣后来在引兵攻入安岳等地时，也曾在沿途张贴告示，历数洋人传教通商、欺凌乡党、侮弄祠堂、袒护教民、摇荡边疆、剪灭圣教、败坏五常等种种罪行，并特别提到德国强占胶州湾事件，痛陈"刻下山东被害，志士谁不心伤"，申明激于义愤，特兴举义兵，"委身以报君王"。

除檄文和告示外，起义军中还有许多写在白布或红布上的标语口号，诸如"顺清灭洋"、"除教安民"、"民教不和，打奉教徒"、"保民革教"、"专打奉教人，不打普通人"、"专打洋人奉教人，不打中国人"等。

在近代反洋教运动史上，余栋臣最先明确提出了"顺清灭洋"的口号。这一口号是甲午战后帝国主义和中华民族的矛盾急剧激化的产物。"灭洋"是这一口号的核心，虽带有盲目排外的色彩，但却表达了当时国人共同的心声，便于迅速动员民众投入抗击外敌侵略和瓜分的斗争；"顺清"虽表现出对清政府所抱的幻想，但也不失一定的策略意义。它既表达了人们朴素的爱国主义的情感，同时又减少了"灭洋"的阻力，有利于最广泛地争取各阶层人的同情和支持。

起义军传檄之后，随即扩充队伍，人数最多时达1万人，编制大体与清军同，有营、哨等单位。兵士每人每日发饷100文。粮食和军饷的来源主要靠没收教堂和教民财产，其次是向大户借粮。当时，大足周围百里地区基本上被起义军所控制，各地豪绅富户或出于志愿，或迫于无奈，纷纷向起义军纳粮输诚。

余栋臣再度揭帜起义并活捉教士华芳济后，洋人惊骇不已。法国驻渝总领事即向四川督抚提出抗议；法使也亲自出面，要求清廷将"余蛮子、唐翠屏、蒋赞臣三犯拿办"。清廷连忙于7月13日发布上谕，令署四川总督恭寿将余栋臣等"务获重惩"，以免"酿成巨案"。7月下旬，重庆镇官兵奉命驰赴大足剿办，结果在铜梁县三教场遭到起义军伏击，溃败而逃。清廷见军事失利，便改剿为抚，转令恭寿"相机操纵，权宜办理"。川东道任锡汾遂邀大足、荣昌等县绅耆出面做中介人，和余栋臣"议和"，劝其释放华芳济。余则要求完全撤销余、蒋二人的积案；队伍不解散，每月由官府供给军械粮饷，等等。双方未达成协议。

同年9～10月间，起义军分兵主动出击：北路蒋赞臣、蒋鹤林攻安岳、资中；余绍文、易昏围铜梁，捕获华籍司铎黄用中。南路唐翠屏攻永川、江津、重庆，然后回师铜梁；余栋臣攻来苏；何师一攻江津十都、太平等场。西路何希然攻内江。所到之处，将教堂一律打毁，并没收教民财产以充军用。各地民众纷起响应，打教风潮此起彼伏。一时间，"教民迁避，处处惊扰，民教惊惶，洋人尤甚"。

清廷见事态扩大，屡电新任川督文光，强调剿抚不可偏废，"如彼能就抚，立释华、黄二铎，不特可邀宽典，且当令其效力"。于是，任锡汾复派一名亲信到龙水镇试探。余、蒋对来使表示愿意报效国家。清廷以为招安有望，便电谕文光、任锡汾，令其促余栋臣先期交出华、黄二铎，其余条件即可商量。文光遂一面调兵进剿，一面派川军统领周万顺到余栋臣营内劝降。这时，起义军内部发生了争议。余、蒋倾向于受抚，而唐翠屏、张桂山等将领力拒，并扣留了周万顺。此前，适有江北厅袁海山因仇教被缉逃至龙水镇，他向余栋臣晓以利害，力劝扣华芳济为人质，否则，"若芳济朝出则大兵夕至，齑粉矣"。"交铎就抚"事遂告搁浅。

同年 12 月，奎俊继任四川总督。他认为余栋臣"无就抚之心"，主张"以剿为抚"。清廷唯恐法教士性命不保，从而"开衅洋人，事势愈形棘手"，仍主"设法招降，从权了结"。后来，清廷采纳了张之洞"无论教士生死，皆惟有进兵围攻"的建议，并得到了法使的默许，遂决定改抚为剿。

1899 年 1 月 3 日，清廷谕令奎俊等人"相机剿办"，旋又谕示奎俊"体察情形，暗中厚集兵力，绝其出路，俾成坐困之势"。经过一番筹划准备，四川藩司王之春调集泰安、安定、长胜 3 营及湖北立字左营，另招募新兵 10 营，拨昭信股票银 55 万两，并调团勇随同官军行动，采取先攻外围，各个击破，渐次紧缩包围圈的战略，对起义军发起攻剿。清军凭借人数和军械上的压倒优势，先败唐翠屏于资中，追杀之于贾家场，旋又击败安岳、铜梁等处起义军，然后兜剿龙水镇。余栋臣被迫率部撤出龙水镇。清军紧追不舍，在玉龙场重创起义军。余栋臣一怒之下，杀死华籍司铎黄用中，率3000余人退入西山，据险设防。王之春屡攻不克，便以重兵将西山团团围困，并蹂躏余栋臣家乡，烧屋掘墓，奸淫掠杀。余栋臣大军被围山中，粮食告匮，士气不振。1月下旬，蒋赞臣降。2月初，余栋臣也心灰意冷，不顾众人劝阻，先放走周万顺，接着带家眷和亲信数人亲自护送华芳济下山请降。王之春见洋人安然无恙，大喜过望，对余栋臣也假意礼遇，将他安置在周万顺营中监控起来，企图通过他来招降起义军余部。然而，余栋臣一行刚刚下山，余绍泉即引众300余从铜梁逃走，余绍文、匡璜率四五百人自璧山蔡家场渡嘉陵江而逃，张桂山、蒋尚卿等人则分走贵州及铜梁、江津等地潜伏起来。结果，当王之春上山受降时，营地仅剩下空庙数所。

余栋臣投降后，起义军余部仍"散在各县，蜂屯蚁聚，起伏无常"。为了敷衍当时全国各地的反帝浪潮，同时也为了邀买人心，招抚余栋臣余众，以免再度激起事端，酿成巨变，清廷驳回了川督奎俊要求杀余的奏议，谕令对余"不以叛逆治罪"，并另修新监一所安置，"厚其给养"，将余囚在成都，"禁锢终身"。另赔法国教会银118万余两结案。

第二次大足起义是在列强掀起瓜分中国的狂潮之际爆发的。起义大军横扫川东10余县的教会势力，波及邻近的30余州县，虽然最终归于失败，却有力地推动了全国反帝斗争高潮的到来。

巨野教案、大足教案、冠县教案三大教案，在近代反洋教运动中起了承前启后的作用，成为义和团运

117

动的先声。其中，大足、冠县提出的"顺清灭洋"、"扶清灭洋"等口号，为义和团运动提供了指导思想。而大刀会、红拳会、梅花拳在山东大地和直鲁交界地区点燃的"灭洋"反帝火焰，则直接促成了义和团运动的兴起。1899 年 10 月，朱红灯、本明和尚为首的义和拳（原名"神拳"）又在济南府属平原县杠子李村、森罗殿等处揭竿而起，提出了"先学义和拳，后学红灯照，杀了洋鬼子，灭了天主教"的反帝口号。经此刀、拳各会的大发展、大汇聚，义和团运动终于似滚滚洪流奔泻而出，席卷了整个北中国。

义和团运动的兴起和蓬勃发展，除了民族危机的刺激和民间秘密会社的活跃等原因外，清政府对拳众政策的演变也是一个不可忽视的因素。

从甲午战争到 1899 年，山东三任巡抚对拳会的政策始终摇摆不定。他们虽对拳会起事感到震惊，但又并非一意主剿。这是因为在长期处理民教冲突的过程中，他们对教会势力的横行不法也深感不满。另一方面，在甲午战后民间反抗外侮的呼声日趋强烈的情形下，他们也害怕一味压制人民抗洋会激起不测，引发更大的变端。李秉衡就任期间，虽镇压过大刀会，但又不得不承认，"民教之所以积不相能者，则以平日教民欺压平民，教士袒护教民，积怨太深，遂致一发而不可制"。继任巡抚张汝梅同情拳会的态度较为明显。在接到清廷调兵弹压曹州大刀会的旨令后，他奏称曹州一地"现在实无大刀匪滋事"，并谓"德主教危言耸听，意在以洋兵耀武，夸示教民，处处生衅"，认为

"教民骄横，借事欺压良善，本是实在情形，亟宜设法维持，不可徒恃兵力"。不久，张汝梅又奏复密查冠县义和拳事，称义和拳原非"故与洋教为难"，直鲁交界各州县"人民多习拳勇，创立乡团，名曰义和"，主张"化私会为公拳，改拳勇为民团"。义和拳改称"义和团"即由此而来（一说系义和拳自己所改）。毓贤继任后，虽诱杀了朱红灯、本明和尚，但实际执行的是"纵拳仇教"的方针。在他看来，"东省民风素强，民俗尤厚，际此时艰日亟，当以固结民心为要图"，认为"民可用，团应抚，匪必剿"。

毓贤的态度使洋人大为不满，他们指责毓贤纵民反教，最终逼迫清廷将其免职，并指名由袁世凯接任。1899 年底到 1900 年春，署理山东巡抚袁世凯视义和团为"左道邪教"，派兵到各州县残酷镇压。山东义和团渐趋沉寂。部分团众潜入直隶境内，反把火种扩散，壮大了这一地区义和团的声势。数月之间，各地拳场林立，团众固结，并向教会势力发起了强大攻势。另一方面，为了缓和内部剿、抚两派之间的矛盾，防止事态扩大，清廷于 1900 年 1 月 11 日发布上谕，推出了区分"匪"、"会"的政策，实际上承认了拳会的存在，也导致了义和团的大发展。但不久，在各国公使的胁迫下，清廷又改弦易辙，命直、鲁督抚严禁义和团。5 月 22 日，义和团在涞水大败清军，旋于 27 日进驻涿州城，逼近北京。5 月底 6 月初，集结在大沽的各国海军陆战队 400 余人，以保护使馆的名义分批开进北京。6 月 10 日，英国海军中将西摩统领八国联军

2000 余人，自天津进犯北京，形势愈发紧张。出于利用和控制义和团的目的，清廷于 16 日颁布招抚义和团的上谕；21 日复下诏宣战，命令各地官员与义和团联合御外，正式承认义和团为合法团体。于是，义和团纷纷涌进北京，旋开赴前线，与侵略军浴血奋战，将这场反帝爱国运动迅速推向了高潮。

② 义和团运动高涨时期的反洋教风暴

义和团运动高涨时期，除奔赴前线与敌殊死作战外，攻打教堂、惩处教士和教民依然是义和团"灭洋"反帝的主要手段之一。"神助拳，义和团，只因鬼子闹中原。劝奉教，真欺天，不敬神佛忘祖先……天不下雨地发干，教堂恨民阻老天。神发怒，佛发愤，派我下山把法传"，这类流传极广的义和团揭帖集中表达了广大团众驱逐洋教的强烈呼声。在数月之内，斗争的烈火从北京、天津蔓延到整个华北、东北等周边地区，并跨过长江，燃至南方各省，形成燎原之势，将近代反洋教运动推向了最高潮。

北京：义和团涌进京城后，最初主要在外城活动。6 月 13 日，大批义和团从崇文门开进内城，遭到护守崇文门亚斯理教堂的美军的截杀，伤亡多人。团众怒不可遏，纷起焚烧教堂。当时，法国遣使会在城内拥有东堂、西堂、南堂、北堂四座天主堂，其中，位于西什库南首的北堂（又名"西什库教堂"）地位最尊，是北京教区主教樊国梁的座堂。当晚9时，东堂首先起火，燃烧达旦。11日，南堂医院、学校、育婴堂和教堂又同时起火。

樊国梁不仅是北京教区的主持人，还是京外各天主教会与法使之间的联络员，故而消息灵通。5月中旬，樊国梁几乎天天函促法使毕盛派兵前来守护教堂，疾呼"灾难已迫在眉睫"。6月1日，即法国水兵75人自天津奉调入京的次日，毕盛拨派30人给樊国梁。5日晚，意大利驻华公使又派10名意兵守护毗连北堂的仁慈堂。东堂、南堂化作一片瓦砾后，数以千计的教民纷纷避入北堂和使馆。15日，义和团在纵火焚烧西堂的同时，又封锁了北堂的东、西、南三面，试图攻打北堂。但法军早有提防，一阵枪炮齐施，杀死义和团47人。团众愤而纵火焚烧教堂南面的房屋，随即离去。

6月22日，在董福祥武卫后军一部的配合下，义和团开始围攻北堂。其时，北堂有法、意两国士兵及教士、教民计3000余人，处在"完全被围，与外间之交通完全隔断"的状态，由主教樊国梁、助理主教林懋德、法军头目恩利协同指挥防守，采取死守待援的对策。义和团猛攻数日，未破。28日晚，北堂东门起火，义和团趁势将火油灌入水龙内向起火之处喷射不止，火势益猛，烈焰冲天，亮如白昼。数日后，义和团又向教堂发射尾部携有火种的一种新式"火箭"，其"力大穿屋，一如炮弹，尤有失火之患"。此后，双方在攻守方面激战月余，互有伤亡。

7月30日，法军头目恩利中弹毙命。法军失去头领，加上已几乎弹尽粮绝，顿时乱成一团。在此危殆之际，林懋德自告奋勇出任兵头，给众人打气，力主死守到救兵赶至。义和团见屡攻不下，又用箭将劝降书射进堂内，规劝教民放弃洋教并交出樊、林两人，以保全性命，否则不论男女老幼，一概斩首不赦。劝降未成，义和团和清军继续每日炮击，并挖通道埋置地雷。北堂已指日可下。

但形势已急转直下。八国联军7月14日攻陷天津后，于8月4日自天津驰赴北京，很快就兵临城下。慈禧带光绪帝仓皇西走。14日，北京陷落。次日晨，法使毕盛命甫抵使馆区的法国部队驰救北堂。16日上午8时许，日军、法军先后开抵北堂。10时许，毕盛和法军统领费来一同来到北堂。樊国梁与毕盛"相抱为礼，互庆生全"。

天津：义和团在天津城区的活动始于1900年春天。6月14日晚，义和团在落堡阻击西摩军队的同时，又在城内纵火，焚毁了仓门口、西门里、镇署前三座教堂。次日午后，续焚天后宫北教堂；晚间，又烧了望海楼教堂、马家口教堂等。当义和团在三岔河口焚烧教堂之际，洋兵数十人从租界中蜂拥而出，开枪射击，"洋枪之声，彻夜不绝"。义和团奋起反击，"四百余人合力相攻，人人喊杀，声如鼎沸"。天津附近各县的义和团闻讯后，也纷纷赶至增援。天津保卫战从此进入高潮。

直隶：在京、津等地的影响下，直隶境内义和团的打教斗争异常活跃。当时，洋教士纷纷召集教民，扩充教会武装，掘壕筑垒，以备抵御。景州（今河北景县）朱家河便是一个筑有防御工事的天主教村落，一时成为景州教士、教民的避难麇集之地。7月15日始，义和团屡攻朱家河，因火力太弱未下。适有清军陈泽霖部奉召北上，途经该地，遂于17日晚赶来增援。经过一番激战，于20日晨攻破堡垒。法国耶稣会教士何德芬和丹涅死于非命，2000多名教徒或阵亡，或自杀。南皮县吉行村也发生了类似事件，义和团攻破防线，杀死两名神父和百余名教徒。宣化府有数百名教徒持械藏匿于山洞中，被义和团积薪洞口，悉数烧死。

在保定城内，广大团民疾呼"教堂则无论天主耶稣，悉付一炬；洋人则无论英美德日，悉赐一刀"，其"声势汹汹"，使"闻者为之恐惧"。6月初，八国联军攻陷大沽，进犯天津。消息传到保定，义和团愤而焚毁北关美国长老会教堂，处死美国教士罗子云。7月1日，团众又冒雨攻打南关美国公理会和英国内地会教堂，生擒教士、教民近百人。有六名洋教士逃至清军兵营求救，营官王占魁慑于义和团的声威，又将他们引渡给团众处死。此外，青苑县东闻村、徐水县安家庄义和团的打教斗争也较活跃。

山东：由于袁世凯的血腥镇压，义和团元气大伤，清廷对外宣战后，袁世凯又将全省的洋教士接到商埠保护起来，并借查封入官之名对教堂实施监控。尽管如此，山东义和团仍然进行了一些小规模的打教斗争。

6月27日，巨野大刀会攻入张庄教堂，焚毁教民房屋百余间；另一支大刀会则先后攻打过沙土集、马庄和后马海教堂。在潍县，义和团焚毁了教会学堂"乐道院"。乐陵、泰安等地的义和团也纷起捣毁教堂，惩处教民。乐陵县知县何业健发布告示，公开支持义和团，故境内的打教斗争尤为活跃，不少地方的西人住宅、医院、学校、教堂被焚毁。

山西：教会势力在山西发展很快，尤其是天主教会。到1899年，山西天主教北教区已拥有教徒17000余人，洋教士70人，大小教堂200余座；南教区教徒总数为18000余人。新教在山西活动的差会主要有公理会、内地会、瑞华会等。毓贤改任山西巡抚后，继续持"纵拳仇教"的政策，更加助长了该省的打教风潮。当时，太原、太谷邻近榆次的村镇，到处有义和团活动。6月20日，太原因洋教士施放洋枪而引起"民教哄闹"，太平楼街法教堂、柴市角英教堂均遭毁损。同日，大同教堂也被打毁。26日，义和团在太原抚院设立拳场，次日夜间焚毁英国教堂。7月中下旬，晋南地区义和团"与西人及教士交哄"的事件时有发生，如团众在平阳县"持械呼啸过市"。8月，太谷义和团烧毁城内南门街教堂。打教风潮一时席卷全省。据继任山西巡抚岑春煊事后统计，这一时期全省计有11州6府40余县发生过打教事件，其中18处杀过教士，仅阳曲一县就有40多名洋人被杀。全省计焚毁教堂70余所，杀教士150余人，使得山西的外国传教士一时几乎绝迹。

陕西：在义和团运动前夕，教会（主要是天主教）势力已渗透到陕西的大部分地区，全省计有教堂和各类传教点 500 多处，教徒达 3 万人。1900 年春，山东义和团首领张德成来到陕北靖边县宁条梁一带活动。张回山东后，青山道人又奉派来此设坛招徒，由此播下了义和团的火种。陕西掀起的反洋教斗争，以宁强燕子砭教案和陕北三边教案最为著名。

意大利天主教神父郭西德在燕子砭一带传教期间，恶迹昭彰，民愤极大。7 月 21 日晚，200 多名民众在农民潘长富、潘长贵和秀才李云栋、举人杨海的率领下，包围了郭西德寓所，将郭痛殴后拖到街上示众，于次日晨处死后，抛尸嘉陵江中。不法教民李大银等 4 人同被处死。

8 月 9 日晚，三边民众六七百人在当地义和团首领王某、刘福兴等人的统领下，攻打小桥畔教堂。该教堂有教士、教民百余人，备有长、短枪 50 余支，并有大量弹药。团众围攻教堂达 40 余日，并烧毁附近小教堂数处。直至官府派兵前来弹压，团众始自行撤去。

内蒙古：自天主教于 1835 年传入蒙古地区后，新教也于 19 世纪末传入。义和团势力发展到内蒙古西部后，打教斗争随之兴起，天主教会尤为众矢之的。

4～5 月间，萨拉齐厅二十四顷地的教民石险生等因强占田产未遂，竟杀死托克托厅和准格尔旗的蒙、汉民 9 人，并弃尸黄河，然后潜逃到二十四顷地天主堂内。驻在该堂的西南蒙古教区主教韩默理（荷兰人）不仅窝藏正凶，还纠集教民武装拒捕。8 月，义和团攻破教堂，生擒韩默理和凶犯石险生。众人将韩默理囚于笼中，以铁索穿其肩骨，背插一小旗，上书"老洋魔"三字，游街示众，"民众聚观，诋辱万状"。韩后被处死。

随后，托克托厅等地的义和团又攻打四子王旗的铁疙旦沟、乌尔图沟天主堂。绥远城驻防旗兵、"练军"和当地蒙古兵也参加了战斗。这两个教堂麇集着从各地来此躲避的教士、教民数百人，"枪械排列"，"环施枪炮"，但终被义和团攻破。结果，教士被杀，教堂被毁。此外，在山西边境义和团的配合下，鄂托克、乌审等旗的蒙民数千人捣毁了鄂托克旗城川天主堂，并杀死一名洋教士。

在中蒙古教区，西湾子总堂纠众抵抗义和团，结果死伤无数，内有 5 名神父。

东北：1838 年，罗马教皇将东北从北京教区中分离出来，划为一个独立的教区。到 1898 年，天主教已在东北设有南北两大教区：南教区辖奉天教务，主教纪隆，设总堂于省城盛京（今沈阳），教徒约 17500 人，中外传教士 31 人，教堂 42 座；北教区辖吉林、黑龙江教务，主教蓝绿叶，设总堂于吉林，教徒约 7000 人，中外传教士 13 人，教堂 27 座。新教对东北的渗透始于 1866 年，到 1898 年，教徒总数约有 19600 人。

1900 年 2 月至 6 月中旬，随着关内拳师的大量涌入，东北义和团迅速崛起，并随即掀起了反洋教斗争的风暴。盛京因是外国教会在东北的重要据点，故而成为斗争的主战场。6月30日,盛京义和团在首领刘喜禄、张海的率领下,将东门外英国洋楼、小河沿教会医院、大南门讲书堂和东关基督教堂全行烧毁。7月1日,又将北门外天主教会开设的衡太枪炉、西门外教会学堂及俄国铁路公司烧毁。接着,义和团开始围攻小南门洋楼,因久攻不下,遂转攻盛京城最大的天主堂——德胜门外天主教总堂。主教纪隆率教会武装负隅顽抗,义和团因武器低劣,伤亡很大。7月20日,义和团攻克小南门洋楼并将之焚毁,复转攻盛京总堂。盛京副都统晋昌率兵携炮数尊前来助战。26日,教堂终被攻破,主教纪隆及教士、教民百余人悉被杀死。在盛京打教风暴的激励下,7月上旬,辽阳义和团焚毁大沙岭教堂;铁岭义和团烧毁南关南大岭教堂,县令杨昌瀚被迫弃官还乡;辽中义和团昼夜围攻三台子天主堂,"如是者二十余日"。其他地方的义和团也纷起打教。旬月之间,奉省教堂被毁殆尽,仅天主教就有1名主教、10名外国神父、3名中国神父丧命。

吉、黑两省义和团的兴起相对较晚。6月末,吉林省开始有人演练义和拳。7月上旬,自盛京北上的义和团到达宽城和讷城,推动了吉林各地反洋教斗争的发展。7月9日,伊通县义和团焚毁了教堂,开其先声。15日,长春义和团开始猛攻城内天主堂、教会医院和城外基督教堂。打教风潮很快席卷全省,并迅速波及黑龙江。在黑省,双城义和团打毁西街美国教堂;宁安义和团扒了南关道东教堂;呼兰义和团不但捣毁教堂,还将教士悬首示众。不过数月,吉、黑两省"教堂尽毁，惟一二处尚存，育婴堂、小学堂毁灭无遗"。

值得一提的是，俄罗斯正教也受到了冲击。1715年至 1860 年间，俄罗斯正教驻北京传道团延续了 14届。在这 145 年中，俄国修士充当俄方的间谍和翻译，源源不断地向本国政府提供有关中国的各种情报（重点是东北地区），并直接参与了起草和签订中俄《瑷珲条约》（1858）、《北京条约》（1860）的全过程，为沙俄吞并中国黑龙江以北、外兴安岭以南、乌苏里江以东广袤的土地立下了汗马功劳。义和团运动期间，第十八届俄罗斯正教驻北京传道团在京城北馆的"圣索菲亚教堂"、图书馆及附属的学校、养老院相继被毁，数名传教士和 200 余名正教信徒被杀，连安定门外的俄国墓地也被掘毁。除北京外，正教设在张家口的教堂和北戴河的祈祷所也被烧毁殆尽。

至于地处亚洲腹地的新疆，俄罗斯正教和天主教（圣母圣心会、圣言会）、新教（内地会、瑞华会）先后于 19 世纪 50 年代和 80 年代传入这一地区。新疆人民的反洋教斗争一直不绝如缕，但由于地理环境特殊，义和团运动并未波及新疆。

当义和团运动在北方步入高潮并招致各国出兵干预之际，6 月下旬，两江总督刘坤一、湖广总督张之洞基于稳定东南局势、阻止各国借保护商教为名侵入长江流域的考虑，置清廷"宣战"上谕于不顾，与以英国为首的各国驻沪总领事订立了《东南保护约款》9 条和《保护上海城厢内外章程》10 款，规定上海租界由各国共同"保护"，长江及苏杭内地归各省督抚"保护"。后来，川、闽、粤、鲁、浙等省也加入了互保的行列，史称"东南互保"。根据约款，刘、张等许诺严惩境内的反教者及起事会党，切实保护洋商教士的"人命产业"。

然而，此时的南方社会并不平静。早在 2 ～ 3 月间，各种反洋教揭帖、流言便已大量出现。义和团遍布京津后，有关义和团和北方战事的传言愈发沸沸扬扬，就连上海租界里的仆役苦力也"相聚言语，莫不以洋人末日将至，屠杀之期，当在不远"。同时，行踪飘忽的会党、盐枭和无业游民更加剧了社会的动荡。及至清政府正式招抚义和团并对外宣战，更在无形中刺激了民间仇教灭洋情绪的高涨。在此背景下，6 月至 8 月间，南方民众的反洋教斗争也出现了高潮，打教声浪几乎覆盖南方各省。

湖北：湖广总督张之洞是"东南互保"的盟主之一，尽管他为"力任保护洋商教士之责"而采取了高压政策，但在其统辖的两湖地区，教案仍不断发生。位于南北要冲的湖北最先打破了沉寂。6 月上旬，天门县皂市民众一两万人鸣锣汇聚，焚毁了英国伦敦会教堂。7 ～ 8 月间，在河南义和团的影响下，鄂北民众纷起打教，毁损了黄龙垱等近 20 座教堂，整治了数百户教民。其中，枣阳县群众打出了"顺清灭洋"的旗号，襄阳、谷城民众与教会武装对垒交仗。鄂东圻春、黄梅、广济等县的数座教堂也被焚毁。就连总督驻节的武汉也不复安宁，骚扰教堂事件在武昌、汉阳均有发生。

湖南：湘省是近代反洋教运动的策源地之一，故打教斗争较湖北尤烈。7月3日，衡州民众率先发难，焚毁南门外清泉县境的观音堂，殴毙德国教士两名。翌日，又冲进衡州黄沙湾总堂，"一声呼杀，殴辱交加，将家具什物毁抢如洗"。堂中意大利籍教士任德高、童哲西被众人扭至大门口痛殴，任倒地装死，由教民抬出送往北乡，童则被拽至附近码头上烧死。教堂、育婴堂及附近教民房屋俱被焚毁。是时，意大利圣方济会湖南教区主教范怀德正在耒阳县督建杉桥教堂，闻讯后即偕另一意籍教士安守仁乘船返衡。行至清泉县港子口，范、安二人被扭拿上岸，群殴毙命。"衡州之难，一扬于外，四乡人民纷纷仇教，尽毁教堂"。仅衡州府所属衡阳、清泉、衡山、常宁、耒阳、安仁6县，就有30余座教堂被毁。常德、湘潭、临湘、永州等地民众也纷起打教。湘省洋教士一时如惊弓之鸟，仓皇出逃。

江西、安徽、江苏：两江总督刘坤一与张之洞同为"东南互保"的策划者。为了防止辖境发生变乱，他饬令所属"严办匪徒，保护商教"，但事与愿违，赣、皖、苏三省仍教案迭发，尤以赣省为烈。7月11日，景德镇民众焚毁天主堂，杀死教民数人。随后，饶州、抚州、南康、南昌、九江、南安、建昌、吉安、赣州等府的民众也纷起毁教堂、打教民。连途经饶州府的清兵也参加了当地焚打教堂的行动。庐陵县群众还将率兵前来弹压的知县冯某砍伤。即使在相对沉寂的广信等府，民间打教呼声也骤然高涨，约期打教的揭帖、流言充斥城乡，使得洋教士"皆有朝不及暮、夕不待旦之虑"。旬月之间，全省仅大教堂就被毁坏39座，教民1600余户遭焚抢。后来，江西巡抚松寿遵照刘坤一"治乱民用重典，火烈人望而畏"的指示，进行残酷镇压，这才遏制住事态的进一步发展。

在皖省，由于沿江地带的会党和民人大多参加或关注秦力山领导的铜陵大通镇自立军起义，打教斗争，主要发生在毗连邻省的边远地区。徽州府祁门县与景德镇相距百里。7月间反教，揭帖遍地张贴，迫使县令夏曾佑急令教民暗地出逃。在紧邻赣省的婺源县，当地大教堂和附近洋楼俱被焚毁。宿松县在鄂东的影响下，也爆发了攻打教堂事件，使洋教士"不胜狼狈。男女学堂亦即闭歇"。在地处皖省腹地的青阳县，意籍教士孟作礼初夏时巡游乡间，发现民心骤变，向与教会友善者"今已视同行路"，便询问其故，方知"谣言四起，将与教堂为难"。后教堂终被焚毁。8月中旬，寿州广岩塘一带十多个村庄的乡民也纷起打教。安徽巡抚王之春在扑灭自立军起义后，赶紧调兵弹压，这才控制住皖省局势。

在江苏，5～6月间，各地"都有匿名揭帖约期某日攻打教堂"，一时谣言纷起，使得"各教堂传教西人相率远避"。但由于刘坤一的亲自坐镇，各地的打教计划均被扼杀在萌芽状态中，仅在与山东接壤的徐州府属，有数处教堂被毁，教民被勒令退教。

浙江：浙省的打教斗争不仅高潮迭起，而且大多由民间反教团体发动，为他省所少见。台州府黄岩县的"百姓教"率先起事。黄岩自1899年打教风潮被弹压后，"天主教益遭诟病，村民创立百姓教借以自卫，入教者五六千人"。7月上旬，百姓教众竖起"除教安民，顺天行事"的大旗，烧毁当地天主堂及教民房屋。随后，宁海县塾师王锡桐创建了"以排外为宗旨"的伏虎会，率众将境内三座教堂焚毁。在温州府，平阳县农民金宗财于7月8日创建神拳会，"散发双龙票布，影借北方义和团，号召除灭洋教"。11日，金联合瑞安县道士许阿雷率领的拳民，正式祭旗起事，将境内教堂全行打毁。在诸暨，斯屯乡民教双方于10日发生冲突，知县不问缘由，逮捕了四名乡民，激起众怒。当地白旗党趁势打击"助王灭教"的旗号，于次日在斗子岩聚众起事，四处打毁教堂，后又冲进县城，欲问知县袒教之罪。由于官府的镇压，上述反洋教暴动不久均告夭折。

相形之下，衢州教案堪称是浙省此间影响最大的一场反洋教风暴。7月中旬，江山县秘密会党终南会首领刘家福在闽浙边境的九牧山聚众起义，连克江山、常山两县。毗邻的衢州城一时风声鹤唳。21日，城内民众趁乱打毁各教堂，并付之一炬。英国教士汤明心、美国教士石马戴和派兵前来弹压的衢县知县吴德潇均被殴毙。同日，英国教士黄道明携其眷属从常山避乱来此，未及进城，便被打死在城外码头上。

福建：7月上旬，漳州、邵武两府的许多教堂相继被毁。7月底，福州发生民教冲突，城内耶稣教堂和教民店铺悉被打毁。8月间，汀州府、龙岩州的民众也群起打教，漳州府的斗争则扩至浦南、漳平等六七个县。据英国驻厦门副领事布拉德统计，仅漳州府一地，就至少有13座教堂被毁损。打教声浪使传教士们噤若寒蝉，闽省多数教堂人去楼空。厦门居民曾在天主堂外高声辱骂，堂内洋教士丝毫不敢作声。

广东：7月初，义和团在北方获胜的消息传至粤省，潮州民众受此鼓舞，遂起而阻挠教民做礼拜，继则毁坏教堂，惩处教民。8月间，在汕头附近的黄冈，民众群起打毁英国长老会和美国浸礼会的教堂。有些地方的民众甚至持械与教会武装对抗。英、法赶紧各调一艘战舰来汕头压阵，并急电署理闽浙总督德寿，要求增派军队弹压。尽管如此，各地打教事件仍时有发生。

四川：7月上旬，大邑县民众捣毁教堂，并屯聚寨栅抗拒官兵，最先打破了川省自第二次大足起义被镇压后的沉闷局面。邛州城、蒲江县的教堂也被当地群众打毁。14日，雅州府名山县武举庞世琪率众扎营天王寺，欲北上"勤王"，并焚教堂、逐教士、打教民，一时"阖邑惊骇"。未几，丹棱县民众又焚毁英、法教堂，使洋教士"岌岌不可终日"。嘉定（今乐山）府城民众亦酝酿打教。四川大吏鉴于川南震动，便于同月19日参加"东南互保"，但仍无法迅速控制局面。30日，自贡教案发生，豆芽湾、两口塘教堂俱被当地盐民捣毁，教民多半受到冲击。自大邑发难以后，全川计有23州县相继爆发打教风潮。

以上便是6月至8月间南方各省反洋教斗争的大

体情形。到 9 月，由于北方义和团运动转入低潮，南方的反洋教斗争也随之低落。

综上所述，在义和团运动高涨时期，打教风潮南北呼应，席卷全国，汇合成滚滚洪流，将近代反洋教运动推向了最高潮。对此，教会侵略势力既惶恐，又仇恨。尤其在华北地区，在极端仇视情绪和疯狂报复心理的驱使下，洋教士们纷纷丢下十字架，操起洋枪，与义和团兵戎相见。

当时，华北天主教会的大部分教区都拥有自己的武装。面对义和团凌厉的攻势，教会纷纷构筑工事，使直隶、京津地区每一座有防御能力的教堂都变成了"一个军营的缩影"。武清县神甫戴德荣公然叫嚣道："我们为了保护圣教会，为了天主最大的光荣，应当和义和团打仗。拼命吧！死了是为主致命，为教会牺牲。带着任何大罪的人，只要死于义和团刀下，不经炼狱直升天堂。"樊国梁、林懋德率众死守西什库教堂便是一个典型事例。此外，教会不仅驱使教民四处刺探，传送情报，还派出大批神职人员到联军中去，充当随营司铎、翻译和向导。

联军攻陷北京后，面对令人垂涎的大量财富，教会打着解决逃难教民生计的幌子，公然加入了洗劫北京的行列。樊国梁主教下令所属教士、教民大抢八天，掠得大宗银两财物，并私自发行支票，收购联军抢掠的大批金银珠宝、古玩玉器。新教传教士如丁韪良（美国北长老会）、梅子明（美国公理会）等也都公开参与了抢掠。不仅如此，部分教士还协助联军捕杀流散团民，甚至滥杀无辜百姓以泄恨。梅子明即公开叫嚣"用人头抵人头"，仅在任丘县的一个村落就杀死村民 680 人。对于教士的这种变态报复心理，就连联军军官也感到诧异，在报告中写道："这些嗜血的传教士们希望（联军）射杀被怀疑是义和团的人，并且烧掉义和团避难过的城镇。"

此外，在列强与清政府议和期间，樊国梁等教士还频繁活动，在惩办"凶犯"、勒索最大限额赔款等细节上为各国公使出谋划策。在次年签订的《辛丑条约》中，有关赔款和限制中国人民反抗活动的条文都是在传教士的直接参与下订立的。正是这位集屠夫和抢劫犯身份于一身的樊国梁，被梵蒂冈授予了"宗座卫士"的最高名誉头衔。

然而，义和团运动期间席卷全国的反洋教风暴终究给予教会侵略势力以致命的打击。据不完全统计，在 1900～1901 年底这一年多的时间里，在华传教士约有二三百人被杀，3 万余教民丧生，全国约 3/4 的教堂被毁。美国公理会传教士毕海澜不禁就此哀鸣道："全世界最大的传教区的工作已陷入瘫痪状态，许多传教据点已被放弃，传教士都逃到通商口岸和高丽、日本去了。""仅在短短的一个夏天中，三百年来的天主教工作和将近一个世纪的基督教的努力被毁坏殆尽。"

中国人民在义和团运动期间所迸发出来的反帝爱国激情，使传教士们不寒而栗，迫使他们不得不重新打量中国，并调整对华方略。义和团运动兴起之初，一些传教士视之为对华出兵的绝好机会，纷纷鼓噪瓜分中国。丁韪良即杀气腾腾地说："我们是狂热异教徒的牺牲品，让基督教列强把这个异教帝国瓜分了吧！这可供中国有一个新秩序的世界。"他还怂恿美国政府对华提出领土要求，妄称"瓜分中国是自然的扩张，正如俄国向西伯利亚、美国向西部扩张一样"。但在亲身领略了中国人民的反抗精神后，丁韪良逐渐从狂热中趋于冷静，又提出了一个"以华制华"的方案。未几，英国浸礼会传教士李提摩太也为列强拟定了一份"如何在中国恢复秩序"的意见书，重弹他在维新运动期间提出的"国际共管"的老调。1900年10月31日，在华基督教（新教）联合会在上海召集各差会传教士，讨论"对中国如何处置"的事宜。与会绝大多数代表均附和丁韪良或李提摩太的观点，主张利用清政府来治理中国，认为"瓜分中国就像用河坝来切断苏州河一样，是极其行不通和不妥当的"。

在义和团运动的冲击下，西方朝野人士逐渐就瓜分中国一事达成了共识。法国一位议员强调："中国土地广阔，民气坚劲，殊非印度、南非各地可比"，认为"瓜分之说，不啻梦呓"。英国外交大臣勃乐叠立克亦云："团匪之事，即可取以为鉴，我英亦不能以待印度待中国也。"八国联军统帅、德人瓦德西则无可奈何地说道："无论欧美、日本各国，皆无此脑力与兵力，可以统治此天下生灵四分之一……故瓜分一事，实为下策。"中国之所以能免于被瓜分的厄运，除了帝国主义之间争夺激烈这一因素外，义和团运动实起了至关紧要的作用。正是这场保国卫家的战争，才从根本上阻止了帝国主义瓜分中国的阴谋。

义和团运动被绞杀后，教会侵略势力乘机进行讹诈和勒索。除了《辛丑条约》所规定的赔款（时称"大赔款"）外，教会还强迫地方政府自筹款项，以赔偿教堂、教民的损失，此谓"地方赔款"。其数额之大，超过地方年财政收入。如 1901～1902 年间，仅北京和直隶省自筹的赔款就达 1112.4 万两。其他各省的数额也十分惊人，其中山西 220 余万两，山东 80 万两，四川 180 万两，湖南 30 万两，浙江 20 万两，奉天 290 万两，江西 30 万两，吉林 22 万两，河南 19 万两，内蒙古西部 70.2 万两。各省官吏趁机中饱私囊，不惜"百事俱废，专凑赔款"，将负担全部转嫁到民众身上。

教会的反攻倒算和官府敲骨吸髓般的压榨，使得民众的反抗斗争在短暂的沉寂后再度爆发。在义和团余众的积极参与下，各省教案迭出，内以直隶、四川影响最大。1902 年 3 月，直隶广宗县联庄会首景廷宾联合赵三多等义和团余部，竖起"扫清灭洋"的旗帜，在巨鹿起义。直、鲁、豫三省边界的民众纷纷来投，起义军扩展到 16 万人，杀教士、焚教堂，并屡与袁世凯所部清军及 6000 名德、日、法侵略军血战，直至 7月才告失败。同年 5 月，四川资阳义和团也竖起"灭清剿洋"的起义大旗，"打毁教堂，搜杀教民"，并数与清军交战，威震川中，一度逼近成都，部分义军后来还参加了辛亥革命前夕的保路运动。从总体上讲，随着新的政治思潮的出现和各种社会力量的重新分化組合，20世纪初的教案已超出一般反洋教斗争的范围，成为资产阶级民主革命的一部分。因此，通常认为，近代反洋教斗争史以 1900 年末义和团运动走向低落为下限（一说应以 1898 年山东梨园屯起义为其下限）。

七　结束语

　　由于东西方在文化传统和历史背景上的差异，基督教自唐代传入中国起，便因与中国政教礼俗的冲突而备受国人排斥，这本是中西文化在交流和碰撞过程中所无法回避的现象。但是，鸦片战争以后，基督教在华的传播已不属于正常的文化交流范围，而是以不平等条约为依托，在洋枪洋炮的庇护下，强行切入，从一开始就和列强对华的殖民扩张活动紧紧连在一起。这本小册子所记述的大量确凿的史实，正向人们昭示了西方传教士究竟是如何与本国政府的"炮舰政策"密切配合，亦步亦趋，从而将中国一步一步地推向半殖民地深渊的。因此，在近代中国，引发教案的根本原因绝非中西文化的冲突，而是帝国主义的侵略。纵观近代教案史，几乎没有一件教案不与外国教会的侵略、渗透活动相关。帝国主义与中华民族之间的矛盾贯穿近代教案史的始终，这一矛盾本身及其尖锐程度，决定并制约着民间反洋教斗争的发展方向及其激烈程度。所以说，近代教案的实质是侵略与反侵略的斗争，所谓的"反洋教斗争"实际上是"反侵略斗争"的同义语，而不是单纯地反对、排斥基督教本身。正因为如此，近代反洋教运动在总体和主流上是一场反帝爱国运动，尽管个别地区的个别斗争带有反清抗官的色彩。正是在民族危机直接或间接的刺激下，中国社会各阶级各阶层的成员，从城乡下层民众、游民无产者、民间秘密会社，到兵丁胥吏、商人、地主、绅士、地方官员乃至封疆大吏，均不同程度地投入了反洋教斗争，从而使之发展成为具有全民族性质的反侵略正义斗争。斗争的烽火东起沿海，西至边陲，南起阿里山麓、五岭珠江，北至白山黑水、蒙古草原，几乎燃遍全国。在长达约半个世纪的时间里，各地教案层见叠出、连绵不断，并最终于 1900 年达到高峰，汇合成汹涌澎湃的义和团运动的洪流，显示了中华民族抵御外来侵略的顽强斗争精神及其所蕴含的无限蓬勃生机，阻止了帝国主义妄图瓜分中国的阴谋，并使清政府腐败无能、气息奄奄的真实面目更加暴露无遗，进而刺激了资产阶级民主革命的兴起。总之，反洋教斗争是近代中国人民反帝爱国运动的一个重要组成部分。

作为基督教的两大分支，天主教和新教在帝国主义侵华过程中都扮演了极不光彩的角色，这是两者的共性。但从历史渊源上追溯，新教是被恩格斯称作"第一次资产阶级革命"的西方宗教改革运动的产物，反映了新兴资产阶级的政治、经济利益，在教义、礼仪、组织形式等方面都已同封建的天主教区别开来。而天主教后来虽有所更张，但仍然带有浓厚的封建色彩。大肆霸占田产，对当地农民进行租佃剥削，这正是在华天主教会封建性的突出表现之一。相比之下，在华新教各差会掠夺地产的数量远远不及前者，且主要用于建堂造屋，甲午战后还用来开设工厂，以适应本国政府对华资本输出的需要。薛福成在光绪年间曾云："自各国立约以来，英重通商，法重传教，所操之术不同。"多少悟出了个中三昧。直到 20 世纪初，法国在各国对华贸易中所占的比重仍然是零。正因为在商业上难以与他国相匹敌，法国才格外借重教会的力量，动辄便利用教案进行强硬交涉，借机攫取侵华权益，以此与英、美抗衡。西林教案便是一例。法国驻华公使罗淑亚曾公然宣称：天主教会"是法国在华势力的最好的支持"。天主教和新教的不同属性使两者在华的侵略、渗透活动呈现出不同特征，进而对近代教案的发生、发展产生了不可忽视的影响。

这种差异首先直接影响到各自在华的地理分布。大体说来，新教的传教据点是以通商口岸渐次延伸到内地城镇，而天主教的活动重心是在内地农村，穷乡僻壤。两者的传教方式或手段也有所区别。新教差会的特点之一是没有严密的组织，彼此互不统属，故新教传教士相对天主教士来说有更多的个人活动的自由。为了适应当地社会，新教传教士广泛从事教育、医疗乃至救灾赈荒等世俗活动，以此作为"打开异教大门的工具和争取人们信仰福音的手段"（美国北长老会教士狄考文语）。出于同样的目的，他们还充当了引进"西学"的主要媒介。新教传教士创办的广学会是当时最大的传播西学的出版机构，在京师同文馆、江南制造局翻译馆译书的传教士也几乎都属于新教教派。据不完全统计，在 1898 年以前，中国计出版西方各类书籍（宗教类除外）561 种，其中 365 种便是由新教传教士主持或参与翻译编写的。有些新教传教士还对近代中国的维新运动表示过同情或支持。这些都在客观上对中国封建社会的解体起了一定的催化作用。在吸收教徒和物色华人作为传教助手方面，新教相对慎重，比较注意不以经济引诱和干预诉讼作为招徕的手段。美国长老会教士倪维思即反对用金钱雇佣教徒在当地布道，并反对在民教纠纷中一味庇护教徒，时称"倪维思方式"。相比之下，天主教会在从事世俗活动方面远没有新教那么积极和富有成效。单就兴办学校而言，天主教会主要着重于启蒙教育，且仅限于教徒。至于到处设立的育婴堂，则更是弄巧成拙，成为众多教案的导火线。在发展教徒方面，施以小恩小惠或插手词讼是天主教会惯用的手法。法国教士范若瑟在云南永北厅劝人奉教时就赤裸裸地说："奉了教，有许多好处。有钱的，可长保身家；贫穷的，可得钱使用，不受人欺，打官司有赢无输。各处奉教的就是一家人了，到处都可通气，有人招呼。"由于放手接纳，导致鱼龙混杂，泥沙俱下，故其教民中"吃教"、"仗教"者的比例远远高于新教。由于第二次鸦片战争后，法国攫取了保护在华的所有罗马天主教会及其中国信徒的特权，天主教会又厉行教阶制，故而组织严密，各修会之间联为一气，加之大搞不受中国政令管辖的教民村，甚至私修圩寨，建立武装，使得教民对教会的人身依附大为加重。这些均助长了天主教会的凶焰。教士、教民是鸦片战争以后出现在中国社会的特殊阶层。教士享有治外法权，故而无所顾忌，恣意妄为；而不法教民则倚仗教会的庇护，抗官欺民，横行乡里。天主教会在这方面的表现远较新教恶劣。正是由于上述种种区别，新教、天主教卷入教案的频率迥然不同。例如，1896～1899年间，山东上报总署的教案共有13起，其中涉及新教的仅3起。据初步统计，19世纪末叶各地教案计有300余起，其中天主教案占了绝大部分。

就清政府而言，将国门向基督教敞开本是被迫之举，无论是最初的道光和咸丰皇帝，还是后来垂帘听政的慈禧太后，出于维护现政权统治的考虑，均对教会势力的日益蔓延、膨胀深感忧虑。义和团兴起后，礼部侍郎朱祖谋在一奏折中讲道："拳会仇洋，犹是朝廷赤子。既入洋教，则蚩蚩者氓岂复为朝廷有哉！"慈禧认为朱"语多中肯"。其仇视、戒备洋教的心理于此可见一斑。1871年，总理衙门曾向驻京外使递交《传教章程》（计八条），试图对传教士稍加约束，但终因各国群起反对而成一纸空文。1892年，李鸿章亦拟有一类似的"教堂禁约"，但同样未能付诸实施。于是，无力驾驭传教士的清廷便全力对内施压，每逢案发，辄贬革当地官员，屠杀反教群众，赔偿教会损失，并再三下令保护教会，乃至最终承认外国神职人员与中国地方官员品位对等，以牺牲国家权益和尊严来换取"中外相安"。结果，这一消极政策更加助长了传教士的气焰，非但未能缓和民教矛盾，反而使之愈演愈烈。

再就反洋教阵营而论，它虽包括了中国社会几乎各阶级各阶层的成员，但人们在反洋教斗争中的态度及所起的作用却又不尽相同。

官、绅属于统治阶层或上层社会，他们仇视洋教主要基于下述因素。首先，洋教的传入大大冲击了作为封建意识形态主要组成部分的儒释道，打破了原有的文化大一统的局面，这是具有强烈民族自尊心和浓厚守旧意识的中国官绅（包括下层民众）所难以容忍的。其次，教会势力扰乱了现存统治秩序，并极大损害了官绅个人的切身利益。在华传教士"见官高一级"，僭权越柄，动辄咆哮公堂，欺官凌民，"直如一国之中有无数自专自主之敌国"，使官府的权威和尊严大大受损，并动摇了绅士作为一方社会领袖的地位。作为一个新的社会群体，教民"但知有教主，不知有国法"，蔑视官吏，对抗乡绅，甚至抗缴租税钱粮及一些地方性摊派，削弱了官绅对宗族和民众的控制。

总的来讲，为官者因负有治土安民之责，并需对洋人承担履行和约的义务，故而在反洋教斗争中的心态比较复杂。与通达时世的"洋务派"大员相比，一些所谓的"顽固派"大员是"圣道人心"最坚定的维护者。他们因地位显要，受清廷和洋人的牵制太多，故反洋教的态度一般较为隐讳，对民间打教事件常持名为压制、实为纵容的态度。相比之下，中下级官员怂恿、支持反洋教斗争的现象较为普遍。天津教案之前和清廷招抚义和团期间是各级官员卷入反洋教斗争最为活跃的两个时期。

作为介于官民之间的阶层，绅士在反洋教斗争中一直十分活跃。他们起了十分重要的宣传鼓动作用，并利用自己在地方上的号召力，直接组织领导了不少反教事件。甲午战后，绅士阶层发生了分化，部分具有维新思想的士子基于对世界大势的认识和斗争策略的考虑，大多反对闹教。近代著名启蒙思想家严复即云："方今时势艰难，外侮日逼，小民逞血气于前，而国家赔金币割土地于后。民愚吾之不责，而读书明理之士，独不当思患预防，而谋所以纾君父之忧耶？"

城乡下层民众始终是反洋教斗争的主力。他们是教会侵略势力最直接和最大的受害者，故而在斗争中最为坚决和投入。正是由于他们的积极参加，近代反洋教运动才得以持续数十年，形成席卷全国之势，直至最终汇合成奔腾的洪流——义和团运动。

正因为反洋教队伍成分复杂，缺乏统一领导，加之中国地域辽阔，斗争在各地的发展不平衡，所以，近代反洋教斗争基本上处于一种分散、自发和无序的状态。就打击对象而言，近代来华的西方传教士并非都是帝国主义的帮凶，其中不乏虔诚的布道者；教民也绝非铁板一块，内有不少是迫于生计而依附教会的。而民众对教士、教民一律打杀，遂使斗争呈现出扩大化的倾向。另一方面，反洋教运动虽然具有广泛的社会基础，但其指导思想和理论武器并没有任何超越历史的新内容。在笼统仇洋和固守中国传统文化方面，无论是下层民众还是上层官绅，其态度和表现都是一致的。这就使得这一反帝爱国的正义斗争不可避免地带有浓厚的盲目排外和抱残守缺的色彩。至于打教风潮中各地辗转流传的有关教士、教堂的种种讹言，义和团对付洋枪洋炮的喝符念咒、降神附体等巫术，则集中反映了民众迷信、封闭的一面。我们在肯定近代反洋教运动的正义性及其历史意义的同时，对其落后和消极的一面也应当有足够的认识和反省。

参考书目

1. 〔美〕赖德烈（K. S. Latourette）：《基督教在华传教史》（*A History of Christian Missions in China*），纽约，1929。

2. 王文杰：《中国近世史上的教案》，私立福建协和大学中国文化研究会，1947。

3. 李时岳：《反洋教运动》，三联书店，1962。

4. 台北近代史研究所编《教务教案档》（1～5辑），台北，1974。

5. 顾长声：《传教士与近代中国》，上海人民出版社，1981。

6. 〔法〕史式微：《江南传教史》，天主教上海教区史料译写组译，上海译文出版社，1983。

7. 王明伦选编《反洋教书文揭帖选》，齐鲁书社，1984。

8. 张力、刘鉴唐：《中国教案史》，四川省社会科学院出版社，1987。

9. 四川省哲学社会科学学会联合会、四川省近代教案史研究会合编《近代中国教案研究》，四川省社会科学院出版社，1987。

10. 冯祖贻等主编《教案与近代中国——近代中国教案
    学术讨论会文集》，贵州人民出版社，1990。

《中国史话》总目录

系列名	序号	书名	作者
物化历史系列（28种）	25	陵寝史话	刘庆柱　李毓芳
	26	敦煌史话	杨宝玉
	27	孔庙史话	曲英杰
	28	甲骨文史话	张利军
	29	金文史话	杜　勇　周宝宏
	30	石器史话	李宗山
	31	石刻史话	赵　超
	32	古玉史话	卢兆荫
	33	青铜器史话	曹淑芹　殷玮璋
	34	简牍史话	王子今　赵宠亮
	35	陶瓷史话	谢端琚　马文宽
	36	玻璃器史话	安家瑶
	37	家具史话	李宗山
	38	文房四宝史话	李雪梅　安久亮
制度、名物与史事沿革系列（20种）	39	中国早期国家史话	王　和
	40	中华民族史话	陈琳国　陈　群
	41	官制史话	谢保成
	42	宰相史话	刘晖春
	43	监察史话	王　正
	44	科举史话	李尚英
	45	状元史话	宋元强
	46	学校史话	樊克政
	47	书院史话	樊克政
	48	赋役制度史话	徐东升

系列名	序号	书　名	作者		
制度、名物与史事沿革系列（20种）	49	军制史话	刘昭祥　王晓卫		
	50	兵器史话	杨　毅　杨　泓		
	51	名战史话	黄朴民		
	52	屯田史话	张印栋		
	53	商业史话	吴　慧		
	54	货币史话	刘精诚　李祖德		
	55	宫廷政治史话	任士英		
	56	变法史话	王子今		
	57	和亲史话	宋　超		
	58	海疆开发史话	安　京		
交通与交流系列（13种）	59	丝绸之路史话	孟凡人		
	60	海上丝路史话	杜　瑜		
	61	漕运史话	江太新　苏金玉		
	62	驿道史话	王子今		
	63	旅行史话	黄石林		
	64	航海史话	王　杰　李宝民　王　莉		
	65	交通工具史话	郑若葵		
	66	中西交流史话	张国刚		
	67	满汉文化交流史话	定宜庄		
	68	汉藏文化交流史话	刘　忠		
	69	蒙藏文化交流史话	丁守璞　杨恩洪		
	70	中日文化交流史话	冯佐哲		
	71	中国阿拉伯文化交流史话	宋　岘		

系列名	序号	书 名	作 者
	72	文明起源史话	杜金鹏　焦天龙
	73	汉字史话	郭小武
	74	天文学史话	冯　时
	75	地理学史话	杜　瑜
	76	儒家史话	孙开泰
	77	法家史话	孙开泰
	78	兵家史话	王晓卫
	79	玄学史话	张齐明
思想学术系列（21种）	80	道教史话	王　卡
	81	佛教史话	魏道儒
	82	中国基督教史话	王美秀
	83	民间信仰史话	侯　杰
	84	训诂学史话	周信炎
	85	帛书史话	陈松长
	86	四书五经史话	黄鸿春
	87	史学史话	谢保成
	88	哲学史话	谷　方
	89	方志史话	卫家雄
	90	考古学史话	朱乃诚
	91	物理学史话	王　冰
	92	地图史话	朱玲玲

系列名	序号	书 名	作 者
文学艺术系列（8种）	93	书法史话	朱守道
	94	绘画史话	李福顺
	95	诗歌史话	陶文鹏
	96	散文史话	郑永晓
	97	音韵史话	张惠英
	98	戏曲史话	王卫民
	99	小说史话	周中明　吴家荣
	100	杂技史话	崔乐泉
社会风俗系列（13种）	101	宗族史话	冯尔康　阎爱民
	102	家庭史话	张国刚
	103	婚姻史话	张　涛　项永琴
	104	礼俗史话	王贵民
	105	节俗史话	韩养民　郭兴文
	106	饮食史话	王仁湘
	107	饮茶史话	王仁湘　杨焕新
	108	饮酒史话	袁立泽
	109	服饰史话	赵连赏
	110	体育史话	崔乐泉
	111	养生史话	罗时铭
	112	收藏史话	李雪梅
	113	丧葬史话	张捷夫

系列名	序号	书名	作者	
近代政治史系列（28种）	114	鸦片战争史话	朱谐汉	
	115	太平天国史话	张远鹏	
	116	洋务运动史话	丁贤俊	
	117	甲午战争史话	寇伟	
	118	戊戌维新运动史话	刘悦斌	
	119	义和团史话	卞修跃	
	120	辛亥革命史话	张海鹏	邓红洲
	121	五四运动史话	常丕军	
	122	北洋政府史话	潘荣	魏又行
	123	国民政府史话	郑则民	
	124	十年内战史话	贾维	
	125	中华苏维埃史话	杨丽琼	刘强
	126	西安事变史话	李义彬	
	127	抗日战争史话	荣维木	
	128	陕甘宁边区政府史话	刘东社	刘全娥
	129	解放战争史话	朱宗震	汪朝光
	130	革命根据地史话	马洪武	王明生
	131	中国人民解放军史话	荣维木	
	132	宪政史话	徐辉琪	付建成
	133	工人运动史话	唐玉良	高爱娣
	134	农民运动史话	方之光	龚云
	135	青年运动史话	郭贵儒	
	136	妇女运动史话	刘红	刘光永
	137	土地改革史话	董志凯	陈廷煊
	138	买办史话	潘君祥	顾柏荣
	139	四大家族史话	江绍贞	
	140	汪伪政权史话	闻少华	
	141	伪满洲国史话	齐福霖	

系列名	序号	书　名	作者
近代经济生活系列（17种）	142	人口史话	姜　涛
	143	禁烟史话	王宏斌
	144	海关史话	陈霞飞　蔡渭洲
	145	铁路史话	龚　云
	146	矿业史话	纪　辛
	147	航运史话	张后铨
	148	邮政史话	修晓波
	149	金融史话	陈争平
	150	通货膨胀史话	郑起东
	151	外债史话	陈争平
	152	商会史话	虞和平
	153	农业改进史话	章　楷
	154	民族工业发展史话	徐建生
	155	灾荒史话	刘仰东　夏明方
	156	流民史话	池子华
	157	秘密社会史话	刘才赋
	158	旗人史话	刘小萌
近代中外关系系列（13种）	159	西洋器物传入中国史话	隋元芬
	160	中外不平等条约史话	李育民
	161	开埠史话	杜　语
	162	教案史话	夏春涛
	163	中英关系史话	孙　庆

系列名	序号	书名	作者
近代中外关系系列（13种）	164	中法关系史话	葛夫平
	165	中德关系史话	杜继东
	166	中日关系史话	王建朗
	167	中美关系史话	陶文钊
	168	中俄关系史话	薛衔天
	169	中苏关系史话	黄纪莲
	170	华侨史话	陈　民　任贵祥
	171	华工史话	董丛林
近代精神文化系列（18种）	172	政治思想史话	朱志敏
	173	伦理道德史话	马　勇
	174	启蒙思潮史话	彭平一
	175	三民主义史话	贺　渊
	176	社会主义思潮史话	张　武　张艳国　喻承久
	177	无政府主义思潮史话	汤庭芬
	178	教育史话	朱从兵
	179	大学史话	金以林
	180	留学史话	刘志强　张学继
	181	法制史话	李　力
	182	报刊史话	李仲明
	183	出版史话	刘俐娜
	184	科学技术史话	姜　超

系列名	序号	书名	作者
近代精神文化系列（18种）	185	翻译史话	王晓丹
	186	美术史话	龚产兴
	187	音乐史话	梁茂春
	188	电影史话	孙立峰
	189	话剧史话	梁淑安
近代区域文化系列（11种）	190	北京史话	果鸿孝
	191	上海史话	马学强　宋钻友
	192	天津史话	罗澍伟
	193	广州史话	张　苹　张　磊
	194	武汉史话	皮明庥　郑自来
	195	重庆史话	隗瀛涛　沈松平
	196	新疆史话	王建民
	197	西藏史话	徐志民
	198	香港史话	刘蜀永
	199	澳门史话	邓开颂　陆晓敏　杨仁飞
	200	台湾史话	程朝云

《中国史话》主要编辑
出版发行人

总　策　划　谢寿光　　王　正

执行策划　杨　群　　徐思彦　　宋月华

　　　　　　梁艳玲　　刘晖春　　张国春

统　　　筹　黄　丹　　宋淑洁

设计总监　孙元明

市场推广　蔡继辉　　刘德顺　　李丽丽

责任印制　岳　阳